Die UNCITRAL-Schiedsregeln – 25 Jahre nach ihrer Schaffung

Europäische Hochschulschriften
Publications Universitaires Européennes
European University Studies

Reihe II
Rechtswissenschaft

Série II Series II
Droit
Law

Bd./Vol. 3380

PETER LANG
Frankfurt am Main · Berlin · Bern · Bruxelles · New York · Oxford · Wien

Christian Zuleger

Die UNCITRAL-Schiedsregeln – 25 Jahre nach ihrer Schaffung

Eine Untersuchung wichtiger Problemkreise unter besonderer Berücksichtigung der Rechtsprechung des Iran-U.S. Claims Tribunals und der Regelungen ausgewählter Schiedsordnungen

PETER LANG
Europäischer Verlag der Wissenschaften

Die Deutsche Bibliothek - CIP-Einheitsaufnahme

Zuleger, Christian:

Die UNCITRAL-Schiedsregeln – 25 Jahre nach ihrer Schaffung : eine Untersuchung wichtiger Problemkreise unter besonderer Berücksichtigung der Rechtsprechung des Iran-U.S. Claims Tribunals und der Regelungen ausgewählter Schiedsordnungen / Christian Zuleger. - Frankfurt am Main ; Berlin ; Bern ; Bruxelles ; New York ; Oxford ; Wien : Lang, 2002
(Europäische Hochschulschriften : Reihe 2, Rechtswissenschaft ; Bd. 3380)
Zugl.: München, Univ., Diss., 2001
ISBN 3-631-39183-8

D 19
ISSN 0531-7312
ISBN 3-631-39183-8

www.peterlang.de

Für
meine Eltern
und Susanne

Vorwort

Die vorliegende Arbeit hat der Juristischen Fakultät der Ludwig-Maximilians-Universität München unter dem gleichlautenden Titel im Wintersemester 2001/2002 als Dissertation vorgelegen. Rechtsprechung und Literatur sind bis Juli 2001 berücksichtigt.

Mein besonderer Dank gilt meinem Doktorvater, Herrn Professor Dr. Peter Schlosser, der die Anregung zu dieser Arbeit gab, die Bearbeitung betreut und stets hilfreich unterstützt hat. Zu danken habe ich auch Herrn Professor Dr. Bruno Rimmelspacher für die rasche Abfassung des Zweitgutachtens.

Mein Dank gilt außerdem allen, die mich während der Abfassung dieser Arbeit mit Rat und Tat begleitet haben.

München, im Dezember 2001 Christian Zuleger

Inhaltsverzeichnis

Abkürzungsverzeichnis

a.a.O.	am angegebenen Ort
a.E.	am Ende
a.F.	alte Fassung
Abs.	Absatz
Art.	Artikel
Aufl.	Auflage
BB	Betriebsberater
Bd.	Band
BGH	Bundesgerichtshof
bzgl.	bezüglich
bzw.	beziehungsweise
CIETAC	China International Economic and Trade Arbitration Commission
CIETAC-SR	Schiedsregeln der China International Economic and Trade Arbitration Commission
CSD	Claims Settlement Declaration
d.h.	das heißt
DDR	Deutsche Demokratische Republik
ders.	derselbe
DIS	Deutsche Institution für Schiedsgerichtsbarkeit
Diss.	Dissertation
DIS-SR	Schiedsregeln der Deutschen Institution für Schiedsgerichtsbarkeit
ECE	Europäische Wirtschaftskommission der Vereinten Nationen
ehem.	ehemalig(e)
etc.	et cetera
f, ff	folgend(e)
Fn.	Fußnote
FS	Festschrift
gem.	gemäß

i.d.R.	in der Regel
i.d.S.	in diesem Sinne
i.V.m.	in Verbindung mit
ICC	Internationale Handelskammer
ICC-SO	Schiedsordnung der Internationalen Handelskammer
IFLR	International Financial Law Review
IPRG	Gesetz zur Neuregelung des Internationalen Privatrechts
Iran-U.S. CTR	Iran-United States Claims Tribunal Reports
J.Int.Arb.	Journal of International Arbitration
JdS	Jahrbuch für die Praxis der Schiedsgerichtsbarkeit
m.E.	meines Erachtens
m.w.N.	mit weiteren Nachweisen
n.F.	neue Fassung
NJW	Neue Juristische Wochenschrift
RIW	Recht der Internationalen Wirtschaft
Rn.	Randnummer
S.	Seite
s.	siehe
SCC	Stockholmer Handelskammer
SCC-SR	Schiedsregeln der Stockholmer Handelskammer
SJZ	Schweizerische Juristen-Zeitung
sog.	sogenannte(r)
u.a.	unter anderem
U.S.	Vereinigte Staaten
u.U.	unter Umständen
UN	Vereinte Nationen
UNCITRAL	United Nations Commission on International Trade Law
UNCITRAL-SR	UNCITRAL-Schiedsregeln
US-$	US-Dollar
USA	Vereinigte Staaten von Amerika
usw.	und so weiter

vgl.	vergleiche
Vol.	Volume
VR China	Volksrepublik China
WM	Wertpapiermitteilungen
YCA	Yearbook Commercial Arbitration
z.B.	zum Beispiel
z.T.	zum Teil
ZaöRVR	Zeitschrift für ausländisches öffentliches Recht und Völkerrecht
ZHK	Zürcher Handelskammer
ZHK-SO	Schiedsordnung der Zürcher Handelskammer
ZIP	Zeitschrift für Wirtschaftsrecht und Insolvenzpraxis
ZPO	Zivilprozeßordnung
ZZP	Zeitschrift für Zivilprozeß

Literaturverzeichnis

Aden, Menno	Internationale Handelsschiedsgerichtsbarkeit: Kommentar zu den Verfahrensordnungen	Verlag Recht und Wirtschaft GmbH, Heidelberg, 1998
Adlerstein, Rosemarie	Zur Unabhängigkeit des Schiedsrichters	Carl Heymanns Verlag, Köln / Berlin / Bonn / München, 1979
Bandel, Stefan	Einstweiliger Rechtsschutz im Schiedsverfahren	C.H.Beck, München, 2000
Bartels, Martin	Multiparty Arbitration Clauses	Journal of International Arbitration 1982, 61
Belland, Stanton	The Iran-U.S. Claims Tribunal: Some Reflections on Trying a Claim	Journal of International Arbitration, 1984, 237
Berger, Klaus-Peter	Internationale Wirtschaftsschiedsgerichtsbarkeit	Walter de Gruyter, Berlin / New York, 1992
Bernini, Giorgio	Arbitration in multi-party Business Disputes	Yearbook Commercial Arbitration V (1980), 291
Böckstiegel, Karl-Heinz	Erfahrungen als Schiedsrichter mit der UNCITRAL-Schiedsgerichtsordnung	Jahrbuch für die Praxis der Schiedsgerichtsbarkeit, Band 4, 1990, 15
ders.	The Relevance of National Arbitration Law for Arbitration under the UNCITRAL Rules	Journal of International Arbitration, 1984, 223

ders.	Die UNCITRAL-Verfahrensordnung für Wirtschaftsschiedsgerichtsbarkeit und das anwendbare nationale Recht	Recht der Internationalen Wirtschaft 1982, 706
Borris, Christian	Die UNCITRAL-Schiedsregeln in der Praxis des Iran-United States Claims Tribunals	Jahrbuch für die Praxis der Schiedsgerichtsbarkeit, Band 2, 1988, 3
Bösch, Axel	Einstweiliger Rechtsschutz in der internationalen Handelsschiedsgerichtsbarkeit	Peter Lang Verlag, Frankfurt a.M., 1989
Bredow, Jens	Die DIS-Schiedsgerichtsordnung 1998, erschienen in: Neues Deutsches Schiedsverfahrensrecht, Deutsche Institution für Schiedsgerichtsbarkeit	DIS-MAT IV, 1998, 111
Burrington, Louise	The ICC International Court of Arbitration	Asialaw 1998, 34
Caron, David	Interim Measures of Protection: Theory and Practice in Light of the Iran - United States Claims Tribunal	Zeitschrift für ausländisches öffentliches Recht und Völkerrecht 1986, S. 465.
Derains, Yves *Schwartz, Eric*	A Guide to the New ICC Rules of Arbitration	Kluwer Law International, The Hague/Boston/London, 1998
Diesselhorst, Malte	Mehrparteienschiedsverfahren	Verlag Peter Lang, Frankfurt a.M., 1994

Dore, Isaak	The UNCITRAL Framework for Arbitration in Contemporary Perspective	Graham & Trotman / Martinus Nijhoff, London / Dordrecht / Boston, 1993
ders.	Arbitration and Conciliation under the UNCITRAL Rules	Martinus Nijhoff Publishers, Dordrecht / Boston / Lancaster, 1986
Glattfelder, Hans	Die internationale Schiedsgerichtsbarkeit der Zürcher Handelskammer	Wirtschaftliche Publikationen der Zürcher Handelskammer, Heft 41, 1979, 5
Glossner, Ottoarndt	75 Jahre institutionelle Schiedsgerichtsbarkeit in Deutschland	Betriebsberater Beilage 5, 1996, 3
ders.	Die UNCITRAL-Schiedsordnung in der Praxis	Recht der Internationalen Wirtschaft 1978, 141
ders.	Die UNCITRAL-Schiedsregeln zwischen Privatrecht und Völkerrecht	Recht der Internationalen Wirtschaft 1981, 300
Habscheid, Walter	Zum Problem der Mehrparteienschiedsgerichtsbarkeit, erschienen in: Schweizer Beiträge zur internationalen Schiedsgerichtsbarkeit	Schulthess Polygraphischer Verlag, Zürich, 1984
Hausmaninger, Christian	Die einstweilige Verfügung im schiedsgerichtlichen Verfahren	Springer Verlag, Wien / New York, 1989
Herdegen, Matthias	Einstweiliger Rechtsschutz durch Schiedsgerichte in rechtsvergleichender Betrachtung	Recht der Internationalen Wirtschaft 1981, 304

Herrmann, Gerold	UNCITRAL- Schieds- und Schlichtungsregeln	Bundesstelle für Außenhandelsinformationen, Köln, 1995
Hof, Jacomijn van	Commentary on the UNCITRAL Arbitration Rules	Kluwer, Deventer, 1991
Hoffmann, Bernd von	UNCITRAL Rules für Internationale Schiedsverfahren	Recht der Internationalen Wirtschaft 1976, 1
Hußlein-Stich, Gabriele	Das UNCITRAL-Modellgesetz über die internationale Handelsschiedsgerichtsbarkeit	Carl Heymanns Verlag, Köln / Berlin / Bonn / München, 1990
Krishnamurthi, N.	Fifth International Arbitration Congress New Delhi Jan. 1975	Yearbook Commercial Arbitration I (1976), 227
Kühn, Wolfgang	Vorläufiger Rechtsschutz und Schiedsgerichtsbarkeit	Jahrbuch für die Praxis der Schiedsgerichtsbarkeit, Band 1, 1987, 47
Labes, Hubertus	Recht und Praxis der internationalen Schiedsgerichtsbarkeit in den Staaten Zentral- und Osteuropas	Betriebsberater Beilage 3, 1997, 11
Labes, Hubertus *Lörcher, Torsten*	Nationales und internationales Schiedsverfahrensrecht	C.H.Beck, München, 1998
Lachmann, Jens-Peter	Handbuch für die Schiedsgerichtspraxis	Dr. Otto Schmidt Verlag, Köln, 1998

Laschet, Franz	Die Mehrparteienschiedsgerichtsbarkeit, in: Festschrift für Arthur Bülow	Carl Heymanns Verlag, Köln / Berlin / Bonn / München, 1981
Lionnet, Klaus	ICC Rules of Arbitration 1998	Betriebsberater Beilage 13, 1997, 15
ders.	Die UNCITRAL-Schiedsgerichtsordnung aus der Sicht der Parteien	Betriebsberater Beilage 17, 1993, 9
Maiwald, Beate	Das Iran - United States Claims Tribunal	Dissertation, Köln, 1987
Markfort, Rainer	Mehrparteien – Schiedsgerichtsbarkeit im deutschen und ausländischen Recht	Carl Heymanns Verlag, Köln / Berlin / Bonn / München, 1994
Mehren, Arthur von	Die UNCITRAL-Schiedsgerichtsordnung in rechtsvergleichender Sicht	Jahrbuch für die Praxis der Schiedsgerichtsbarkeit, Band 4, 1990, 86
Nerz, Alexander	Vor- und Nachteile eines Schiedsverfahrens nach der Schiedsgerichtsordnung der Internationalen Handelskammer	Recht der Internationalen Wirtschaft 1990, 350
Nicklisch, Fritz	BOT-Projekte: Vertragsstrukturen, Risikoverteilung und Streitbeilegung	Betriebsberater 1998, S.2
ders.	Instrumente der Internationalen Handelsschiedsgerichtsbarkeit zur Konfliktregelung bei Langzeitverträgen	Recht der Internationalen Wirtschaft 1978, 633

Oswald, Sven	Probleme der Mehrparteienschiedsgerichtsbarkeit	W. Mauke Söhne, Hamburg, 1998
Pirrung, Jörg	Die Schiedsverfahrensordnung der UNCITRAL	Recht der Internationalen Wirtschaft 1977, 513
Rauh, Karlheinz	Die Schieds- und Schlichtungsordnungen der UNCITRAL	Carl Heymanns Verlag, Köln / Berlin / Bonn / München, 1983
Redfern, Alex *Hunter, Martin*	Law and Practice of International Commercial Arbitration	Sweet & Maxwell, London, 1986
Reiner, Andreas	Handbuch der ICC - Schiedsgerichtsbarkeit	Manzsche Verlags- und Universitätsbuchhandlung, Wien, 1989
Sanders, Pieter	Commentary on UNCITRAL Arbitration Rules	Yearbook Commercial Arbitration II (1977), 172
ders.	Introduction	Yearbook Commercial Arbitration II (1977), XI
Sandrock, Otto *Nöcker, Thomas*	Einstweilige Maßnahmen internationaler Schiedsgerichte: bloße Papiertiger?	Jahrbuch für die Praxis der Schiedsgerichtsbarkeit, Band 1, 1987, 74
Schlosser, Peter	Das Recht der internationalen privaten Schiedsgerichtsbarkeit	2. Auflage, J.C.B. Mohr, Tübingen 1989
ders.	Probleme der internationalen Handelsschiedsgerichtsbarkeit	Die AG 1979, 237

ders.	Notwendige Reformen des deutschen Rechts der Schiedsgerichtsbarkeit	Zeitschrift für Wirtschaftsrecht und Insolvenzpraxis 1987, 492
ders.	Die Unparteilichkeit des Schiedsrichteramtes	Zeitschrift für Zivilprozeß 1980, 121
Schütze, Rolf	Die Schiedsgerichtsbarkeit des chinesischen Außen-handelsschiedsgerichts in Beijing	Wertpapiermitteilungen 1989, 161
ders.	Die Schiedsgerichtsbarkeit der Internationalen Handelskammer	Wertpapiermitteilungen 1986, 345
Schütze, Rolf *Tschernig, Dieter* *Wais, Walter*	Handbuch des Schiedsverfahrens	2. Auflage, Walter de Gruyter, Berlin / New York, 1990
Schwab, Karl-Heinz	Die Gleichheit der Parteien bei der Bildung des Schiedsgerichts	Betriebsberater Beilage 15, 1992, 17
Schwab, Karl-Heinz *Walter, Gerhard*	Schiedsgerichtsbarkeit	5. Auflage, C.H.Beck, München, 1995
Sekolec, Jernej	UNCITRAL Notes on Organizing Arbitral Proceedings	Yearbook Commercial Arbitration XXII (1997), 448
Seppala, Christopher	Multi-party Arbitration at Risk in France	International Financial Law Review 1993, 33

Söderlund, Christian	Verfahrensfragen im Rahmen der Internationalen Schiedsgerichtsbarkeit	Betriebsberater Beilage 13, 1997, 18
Stein, Friedrich Jonas, Martin	Kommentar zur Zivilprozeß-ordnung	21. Auflage, J.C.B.Mohr, Tübingen, 1994
Strempel, Hans Hober, Kaj	Das neue schwedische Gesetz über Schiedsverfahren, neue Regeln für das Schiedsinstitut der Handelskammer Stockholm	Betriebsberater Beilage 4, 1999, 8
Stricker, Sabine	Internationale Schiedsgerichtsbarkeit in der Volksrepublik China	Jahrbuch für die Praxis der Schiedsgerichtsbarkeit, Band 2, 1988, 289
Strohbach, Heinz	Die Arbitrage ad hoc und ihre Regelung, unter besonderer Berücksichtigung der UNCITRAL - Schiedsregeln 1976	Kammer für Außenhandel der DDR, Berlin, 1977
Thomas, Heinz Putzo, Hans	Zivilprozeßordnung	23. Auflage, C.H. Beck, München, 2001
Wang, Sheng Chang	A comparative Survey of the Rules of the Arbitration Institute of the Stockholm Chamber of Commerce and the Arbitration Rules of CIETAC	Journal of International Arbitration 1992, 93
Weigand, Frank-Bernd	Die neue ICC-Schiedsgerichtsordnung 1998	Neue Juristische Wochenschrift 1998, 2081

Wiget, Felix	Über das Verhältnis der Schiedsgerichtsordnungen ICC, UNCITRAL, ECE zum Zürcher Schiedsgerichtsrecht	Schweizerische Juristen-Zeitung 1979, 17
Wolff, Lutz-Christian	VR China: Neue Schiedsregeln der CIETAC	Betriebsberater Beilage 5, 1995, 14

Einleitung

I. Entstehungsgeschichte der UNCITRAL – Schiedsregeln

Vor 25 Jahren, am 28. April 1976, nahm die Kommission der Vereinten Nationen für Internationales Handelsrecht (United Nations Commission on International Trade Law - UNCITRAL) die UNCITRAL - Schiedsregeln (UNCITRAL-SR) einstimmig an. Mit der folgenden Resolution wurde diese Entscheidung von der Vollversammlung der Vereinten Nationen am 15. Dezember 1976 bestätigt[1]:

„*Die Generalversammlung,*

in Anerkenntnis des Werts von Schiedsverfahren als eine Methode, Streitigkeiten im Rahmen internationaler wirtschaftlicher Beziehungen beizulegen,

davon überzeugt, daß die Schaffung von ad hoc-Schiedsregeln, die in Ländern mit unterschiedlichen rechtlichen, sozialen und wirtschaftlichen Systemen akzeptabel sind, entscheidend zur Entwicklung harmonischer Wirtschaftsbeziehungen auf internationaler Ebene beitragen wird,

unter Berücksichtigung, daß die Schiedsregeln von der Kommission der Vereinten Nationen für Internationales Handelsrecht nach ausgiebigen Beratungen mit Schiedsinstitutionen und Zentren für Internationale Wirtschaftsschiedsgerichtsbarkeit vorbereitet wurden,

in Kenntnis, daß die Schiedsregeln von der Kommission der Vereinten Nationen für Internationales Handelsrecht bei ihrer neunten Sitzung nach reiflicher Beratung angenommen wurden,

1. *Empfiehlt* die Anwendung der Schiedsregeln der Kommission der Vereinten Nationen für Internationales Handelsrecht zur Beilegung von Streitigkeiten im Rahmen internationaler Wirtschaftsbeziehungen, besonders bei Bezugnahme auf die UNCITRAL – Schiedsregeln in kommerziellen Verträgen;

---

[1] UN-Resolution 31/98, abgedruckt in *Sanders*, Introduction, YCA 1977 (II), S. XI.

2. *Bittet* den Generalsekretär, für die weitest mögliche Verbreitung der Schiedsregeln zu sorgen."[2]

Bereits 1958 hatten die Vereinten Nationen mit der Schaffung des New Yorker Übereinkommens über die Anerkennung und Vollstreckung ausländischer Schiedssprüche einen wichtigen Beitrag zur Förderung der internationalen Schiedsgerichtsbarkeit geleistet[3]. Bei der ersten Sitzung der UNCITRAL im Jahre 1968, wurde die internationale Handelsschiedsgerichtsbarkeit zu ihren vordringlichsten Aufgaben gezählt. Bei der UNCITRAL handelt es sich um einen auf ungarische Initiative hin gegründeten ständigen Ausschusses der Vereinten Nationen. Seine Aufgabe besteht in der Förderung von Harmonisierung und Vereinheitlichung des internationalen Handelsrechts[4].

Nach dem zweiten Weltkrieg hatte sich im Rahmen der ständig wachsenden Verbreitung der Schiedsgerichtsbarkeit als Instrument der Streiterledigung im internationalen Wirtschaftsverkehr herausgestellt, daß zum einen international akzeptierte Verfahrensregeln für die ad hoc-Schiedsgerichtsbarkeit fehlten. Zum anderen erschienen die - hauptsächlich im Verkehr zwischen den Industriestaaten im Laufe von Jahrzehnten bei Institutionen wie insbesondere bei der internationalen Handelskammer entwickelten - Schiedsordnungen Vertragspartnern in Entwicklungsländern und in Osteuropa häufig als nicht annehmbar[5].

Auf der Grundlage einer Bestandsaufnahme durch den Rumänen Jon Nestor, der die historische Entwicklung der internationalen Schiedsgerichtsbarkeit seit 1920 schilderte und Vorschläge zur weiteren Verbreitung und Verbesserung dieser Institutionen erarbeitete, schlug der Generalsekretär der UN, nach Einholung von Stellungnahmen der Regierungen der Mitgliedsstaaten, in einem Bericht vom 9. März 1973 vor zu prüfen, ob es sinnvoll sei, eine Verfahrensordnung für den weltweiten

[2] eigene Übersetzung des englischen Originals.

[3] Report of the Commission, UNCITRAL-Yearbook 1 (1968-1970), S. 71.

[4] *Rauh*, Die Schieds- und Schlichtungsordnungen der UNCITRAL, S. 1.

[5] *Böckstiegel*, Erfahrungen als Schiedsrichter mit der UNCITRAL-Schiedsgerichtsordnung, JdS 1990 (IV), S. 15f.

Gebrauch in der ad hoc-Schiedsgerichtsbarkeit auszuarbeiten. Nach anfänglichen Zweifeln wurde deutlich, daß es sich hierbei nicht um einen internationalen Vertrag mit der Notwendigkeit der Ratifikation durch die einzelnen Staaten handeln sollte, wie etwa das New Yorker Übereinkommen. Vielmehr sollte ein Vorschlag erarbeitet werden, der als unverbindliche Empfehlung auf freiwilliger Basis von den vertragsschließenden Parteien übernommen werden kann[6]. Dem stimmte UNCITRAL auf ihrer sechsten Sitzung einstimmig zu[7].

Zweck einer solchen Verfahrensordnung mußte es sein, eine weltweite Akzeptanz zu gewinnen, und zwar gerade in den Ländern, deren Rechtsentwicklung noch am Anfang steht. Deshalb wird sich später zeigen, daß die UNCITRAL-SR eine Reihe von Verfahrensregelungen sehr viel detaillierter ausformulieren, als es in anderen Schiedsverfahrensordnungen der Fall ist[8].

Die Erstellung eines Vorentwurfs erfolgte durch das Sekretariat unter Mitwirkung des niederländischen Professors Pieter Sanders und in Zusammenarbeit mit Sachverständigen des International Council on Commercial Arbitration[9].

Diese Ausarbeitung war Gegenstand der Beratung auf der achten Tagung der UNCITRAL im Jahr 1975. Die umfangreichen Diskussionen darüber befaßten sich insbesondere mit dem Anwendungsumfang der Regeln, mit dem immer mehr umstrittenen Versuch der Anbindung des ad hoc-Schiedsverfahrens an Handelskammern und ständige Schiedsgerichte sowie mit dem Problem des anzuwendenden materiellen und prozessualen Rechts. Auch die Bestimmung des Verhandlungsortes und des maßgebenden Rechts durch den Schiedsrichter war heftig umstritten. Umfangreiche

---

[6] *Schütze / Tschernig / Wais,* Handbuch des Schiedsverfahrens, Rn. 824.

[7] *von Hoffmann*, UNCITRAL Rules für internationale Schiedsverfahren, RIW 1976, S. 1.

[8] *von Mehren,* Die UNICTRAL Schiedsgerichtsordnung in rechtsvergleichender Sicht, JdS 1988 (II), S. 94.

[9] *Dunshee de Abranches* (Brasilien), *Kitagawa* (Japan) , *Straus* (USA), *Strohbach* (ehem. DDR).

Auseinandersetzungen wurden über die Bestimmung und die Kompetenz der Benennenden Stellen („Appointing Authorities“) geführt, insbesondere über deren Aufgabe, auf Antrag die Schiedsrichterbenennung vorzunehmen und zu helfen, die oft schwierige und langwierige Phase der Bildung des Schiedsgerichts zu meistern[10].

Im Ergebnis konnte sich, besonders wegen des Widerstands der westeuropäischen Staaten, eine Mitregelung der organisierten Schiedsgerichtsbarkeit nicht durchsetzen. Vielmehr wurde gefordert, den Vorrang des nationalen Rechts gegenüber der Schiedsordnung ebenso wie denjenigen des Parteiwillens deutlich hervorzuheben[11]. Eine Alternative zum Entwurf der UNCITRAL – Schiedsregeln, die der administrativen oder verwalteten Schiedsgerichtsbarkeit den Vorzug gab, wurde deshalb nicht weiter verfolgt, teils auf Druck führender Schiedsinstitutionen, teils aus der Einsicht, daß zwischen ad hoc- und verwalteter Schiedsgerichtsbarkeit keine Unterschiede bestehen, die separate Verfahrensregeln notwendig machen[12].

Daraufhin wurde der Generalsekretär beauftragt, eine überarbeitete Fassung zu entwerfen, die obige Diskussionen berücksichtigen sollte. Diese Überarbeitung wurde auf der neunten Tagung der UNCITRAL vorgelegt[13]. Dort wurde der Entwurf in drei Lesungen behandelt, die einerseits zu einer Vielzahl struktureller und redaktioneller Änderungen, andererseits zur Bestätigung der bisherigen Arbeitsergebnisse führten. So wurde in einer Reihe wichtiger Punkte eine weitere Vereinfachung erreicht, etwa hinsichtlich der Festlegung einer von den Streitpartnern nicht selbst bezeichneten Benennenden Stelle, oder der Festlegung des Verfahrensortes durch die Partner selbst[14].

Diskutiert wurde auch das Verhältnis der neuen Regeln zu anderen Schiedsordnungen. Die Mehrheit sprach sich gegen eine Einschränkung der

[10] *Strohbach*, Die Arbitrage ad hoc und ihre Regelung, S. 25.

[11] *Pirrung*, Die Schiedsverfahrensordnung der UNCITRAL, RIW 1977, S. 513.

[12] *Herrmann*, UNCITRAL Schieds- und Schlichtungsregeln, S. 9.

[13] *Sanders*, Commentary on UNCITRAL Arbitration Rules, YCA 1977 (II), S. 172f.

[14] *Strohbach*, a.a.O., S. 26.

Anwendung „regionaler" Regeln aus. Andererseits wurden Vorschläge zurückgewiesen, die UNCITRAL-SR ausdrücklich nur auf „interregionale" Geschäftsbeziehungen anzuwenden[15].

Die Tagung faßte den Beschluß, der Vollversammlung der Vereinten Nationen vorzuschlagen, sie möge die allgemeine Anwendung der UNCITRAL-SR empfehlen, und den Generalsekretär der Vereinten Nationen bitten, für die weitest mögliche Verbreitung dieser Regeln zu sorgen[16].

Die Vollversammlung der Vereinten Nationen nahm im Dezember 1976 diese Vorschläge in ihre Resolution auf. Damit hatte die dreijährige Vorbereitungszeit für die UNCITRAL-SR ihren Abschluß gefunden.

---

[15] *Strohbach*, Die Arbitrage ad hoc und ihre Regelung, S. 26.
[16] *Strohbach*, a.a.O., S. 27.

II. Anwendungsbereich und Bedeutung in der Praxis

Die UNCITRAL-SR stellen eine Muster-Verfahrensordnung für nicht-verwaltete, sog. ad hoc-Schiedsgerichte dar. Als ad hoc-Schiedsverfahren bezeichnet man solche Verfahren, die nach einer von den Parteien frei vereinbarten und in der Art einer Prozeßordnung formulierten Schiedsordnung ablaufen. Dabei können sich die Parteien entweder eine selbst formulierte Prozeßordnung schaffen oder sich einer bestehenden Schiedsordnung wie den UNCITRAL-SR unterwerfen[17].

Wie oben erörtert, wurde auf die Schaffung eines Welt-Schiedsgerichtshofs verzichtet. Das System der UNCITRAL-SR kennt keine eigenen Einrichtungen und die UNCITRAL selbst hat darin keinerlei Funktion übernommen. Andererseits war den Verfassern klar, daß streitende Parteien nur in den wenigsten Fällen zu dem Maß an Zusammenarbeit bereit sind, die ein geordnetes und zügig durchgeführtes Verfahren erfordert[18]. Die UNCITRAL-SR verzichten deshalb nicht auf eine Hilfestellung gebende Instanz. Dabei greifen sie auf eine im Rahmen der Vereinten Nationen tätige Einrichtung zurück, den Ständigen Schiedsgerichtshof in Den Haag. Art. 6 und 12 UNCITRAL-SR geben bei Schwierigkeiten bezüglich der Ernennung oder Ablehnung von Schiedsrichtern einer von den Parteien gewählten Benennenden Stelle und hilfsweise dem Generalsekretär des Ständigen Schiedsgerichtshofs Befugnisse, welche verhindern können, daß eine Partei durch die Verweigerung ihrer Mitwirkung das Verfahren blockiert[19]. So wurde der Ständige Schiedsgerichtshof im Jahr 2000 insgesamt 23mal angerufen, eine Bennennende Stelle oder einen Schiedsrichter zu bestimmen[20].

---

[17] *Böckstiegel,* in: Lörcher/Labes, Nationales und internationales Schiedsverfahrensrecht, S. XXVI.

[18] *Schütze / Tschernig / Wais,* Handbuch des Schiedsverfahrens, Rn. 825.

[19] *Böckstiegel,* Erfahrungen als Schiedsrichter mit der UNCITRAL-Schiedsgerichtsordnung, JdS 1990 (IV), S. 17f.

[20] 100th Annual Report of the Permanent Court of Arbitration in The Hague, 2000, S. 10.

Die UNCITRAL-SR sind für die weltweite Anwendung konzipiert. Sie sollen sowohl in kapitalistischen wie auch in sozialistischen Systemen akzeptabel sein, ebenso in Industrie- wie in Entwicklungsländern und in Common Law- wie in Civil Law – Rechtskreisen[21].

Jedoch wurde vorhergesagt, daß die UNCITRAL-SR praktische Bedeutung nur in der Ost/West- und möglicherweise Nord/Süd- Relation gewinnen können, also zwischen den westlichen Industrienationen, den ehemals und bestehenden sozialistischen Staaten und den Ländern der Dritten Welt[22].

Insbesondere zwischen den Industriestaaten hat sich anfangs gezeigt, daß aufgrund der bereits bestehenden funktionierenden Handelsschiedsgerichtsbarkeit kein starkes Bedürfnis für die Anwendung der UNCITRAL-SR bestand[23]. Die Vereinten Nationen förderten deshalb den Einbau der UNCITRAL-SR in bestehende Schiedsgerichtsinstitutionen - etwa durch die Übertragung administrativer Aufgaben - in dem Bewußtsein, daß die Regeln nur dann Verbreitung finden können, wenn sie nicht in Konkurrenz zu den traditionellen Schiedsgerichten, sondern in deren eigenem Rahmen angewendet werden. So haben sich eine Reihe anerkannter nationaler Schiedsgerichtshöfe wie der London Court of Arbitration oder die American Arbitration Association ebenso zur Übernahme solcher Aufgaben bereit erklärt wie die Internationale Handelskammer[24]. Zudem hat die Entscheidungspraxis des Iran – U.S. Claims Tribunals, auf das sogleich ausführlicher einzugehen ist, das Vertrauen der internationalen Wirtschaft in die Funktionsfähigkeit der UNCITRAL-SR gefestigt und zu einer verstärkten Nutzung der UNCITRAL-SR geführt[25], was nicht zuletzt auch an ihrer Ausführlichkeit und dem Unmut über die Administrierung anderer Schiedsordnungen liegt[26].

---

21 *Sanders,* Commentary on UNCITRAL Arbitration Rules, YCA 1977 (II), S. 173.

22 *Glossner,* Die UNCITRAL-Schiedsordnung in der Praxis, RIW 1978, S. 141ff.

23 *von Hoffmann,* UNCITRAL Rules für internationale Schiedsverfahren, S. 2.

24 *Schütze / Tschernig / Wais,* Handbuch des Schiedsverfahrens, Rn. 825.

25 *Berger,* Internationale Wirtschaftsschiedsgerichtsbarkeit, S. 46.

26 *Lionnet,* Die UNCITRAL-Schiedsgerichtsordnung aus der Sicht der Parteien, BB Beilage 17, 1993, S. 9.

Eine bessere Ausgangssituation für die Anwendung der UNCITRAL-SR war von vornherein im Geschäftsverkehr zwischen Industriestaaten und Entwicklungsländern gegeben. Bis zum Inkrafttreten der UNCITRAL-SR hatte sich in diesem Verhältnis kein System der Streiterledigung durch institutionelle Schiedsgerichte oder im Rahmen der ad hoc-Schiedsgerichtsbarkeit etabliert. Dies lag vor allem daran, daß der Gang zu den bestehenden Schiedsinstitutionen in den Entwicklungsländern aus grundsätzlichen wie aus verfahrenstechnischen Gründen abgelehnt wurde[27]. Ihnen haftet in den Entwicklungsländern zum einen ein neokoloniales Bild an, zum anderen wird die Vereinbarung einer Institution eines Industrielandes als Ausdruck eines wirtschaftlichen Machtgefälles angesehen. Außerdem bedeutet die Vereinbarung eines Schiedsgerichts im industrialisierten Land verfahrenstechnisch regelmäßig eine Ferne vom Streitobjekt und von den Beweismitteln[28].

Auch im Handelsverkehr zwischen Entwicklungsländern haben die UNCITRAL-SR einen breiten Anwendungsbereich gefunden. Die Gründe hierfür sind sicherlich einerseits darin zu sehen, daß die Schwierigkeiten bei der Bestimmung einer Benennenden Stelle in einem neutralen Land geringer sind als im Verhältnis zu Industriestaaten. Andererseits sind die UNCITRAL-SR in ihrer Ausführlichkeit und Genauigkeit gut dafür geeignet, technischen Mängeln bei ad hoc-Vereinbarungen, die auf geringen Erfahrungen mit internationaler Schiedsgerichtsbarkeit beruhen, vorzubeugen[29].

In jüngerer Zeit haben die UNCITRAL–SR neben dem UNCITRAL Modellgesetz, das 1985 von der UNCITRAL zum Zwecke der Harmonisierung und Vereinheitlichung der internationalen Handelsschiedsgerichtsbarkeit geschaffen wurde[30], eine nicht unerhebliche Vorbild-

---

[27] *Krishnamurthi,* Fifth International Arbitration Congress New Delhi, YCA 1976 (I), S. 229.

[28] *von Hoffmann,* UNCITRAL Rules für internationale Schiedsverfahren, RIW 1976, S. 2.

[29] *von Hoffmann,* a.a.O., S.3.

[30] *Hußlein-Stich,* Das UNCITRAL – Modellgesetz über die internationale Handelsschiedsgerichtsbarkeit, S. 3.

funktion für die Etablierung einer neuen Schiedsgerichtsbarkeit in den ehemaligen Ostblockstaaten gespielt. So wurden die Schiedsordnungen der ungarischen, slowenischen und kroatischen Handelskammern auf der Grundlage der UNCITRAL–SR ausgearbeitet[31].

Auch wenn genaue Zahlen über UNCITRAL – Schiedsverfahren fehlen, läßt sich dennoch sagen, daß sich die UNCITRAL-SR vor allem im interregionalen Handelsverkehr in Ost-West- und in Nord-Süd-Richtung etabliert und bewährt hat. Ihr größter Verdienst ist dabei, daß durch die hohe Akzeptanz der UNCITRAL-SR die Schiedsgerichtsbarkeit nunmehr auch dort gewählt wird, wo lange Zeit ein gewisses Mißtrauen gegenüber dem Institut der Schiedsgerichtsbarkeit oder dessen Institutionen bestand[32].

Die umfangreichste Bewährungsprobe hatten und haben die UNCITRAL-SR bei den Schiedsverfahren des Iran – U.S. Claims Tribunals zu bestehen. Dieses in der Geschichte der Schiedsgerichtsbarkeit in Dauer und Umfang bisher einmalige Tribunal stellt den mit Abstand größten Anwendungsbereich der UNCITRAL-SR dar[33], wenn auch in etwas modifizierter Form, und bedarf daher einer näheren einführenden Betrachtung.

---

[31] *Labes,* Recht und Praxis der internationalen Schiedsgerichtsbarkeit in den Staaten Zentral- und Ost-Europas, BB Beilage 3, 1997, S. 11.

[32] *Herrman,* UNCITRAL Schieds- und Schlichtungsregeln, S. 12.

[33] *Glossner,* Die UNCITRAL-Schiedsregeln zwischen Privatrecht und Völkerrecht, RIW 1981, S. 300.

III. Das Iran – U.S. Claims Tribunal

Um die Funktionsweise des Tribunals verstehen zu können, ist es zunächst notwendig, einen Überblick über die Umstände zu bekommen, die zu seiner Schaffung geführt haben. Diese Vorgänge liegen nunmehr rund zwei Jahrzehnte zurück.

Am 4. November 1979 besetzten militante iranische Studenten, die Anhänger des Ayatollah Khomeini waren, die US-amerikanische Botschaft in Teheran und nahmen die Botschaftsangehörigen als Geiseln. Sie forderten von den Vereinigten Staaten die Auslieferung des Schahs Mohammed Reza Pahlewi, der sich zu dieser Zeit zur ärztlichen Behandlung in den USA aufhielt. Der iranische Staat duldete diese Aktion und schritt nicht dagegen ein[34].

Daraufhin ordnete Präsident Carter die Beschlagnahme des gesamten iranischen Vermögens in den USA in Höhe von insgesamt etwa zwölf Milliarden US-$ an[35]. Gleichzeitig ersuchten die USA den Internationalen Gerichtshof in Den Haag, die Verletzung der Immunität der Diplomaten und der Botschaft in Teheran zu verurteilen und in einer einstweiligen Verfügung die sofortige Freilassung der Geiseln anzuordnen. Dem kam der Internationale Gerichtshof nach, doch der Iran ließ sich von dieser Entscheidung nicht beeinflussen[36].

Mehr als ein Jahr verging, ohne daß die Verhandlungen über die Freilassung der Geiseln erfolgreich waren. Auch eine Militäraktion zur Befreiung der Geiseln schlug fehl.

Erst als das nach Abschaffung der Monarchie neu gewählte iranische Parlament die Vorschläge eines von ihm eingesetzten Sonderausschusses zur Lösung des Geiselproblems billigte, kam Bewegung in die

[34] *Hof*, Commentary on the UNCITRAL Arbitration Rules, S. 2.

[35] *Borris*, Die UNCITRAL-Schiedsregeln in der Praxis des Iran-U.S. Claims Tribunal, JdS 1990 (IV), S. 3.

[36] *Maiwald*, Das Iran – U.S. Claims Tribunal, S. 2.

festgefahrene Situation. Mit Algerien als Vermittler kam es zu den sog. Algier Deklarationen vom 19. Januar 1981, die aus der General Declaration und der Claims Settlement Declaration (CSD)[37] bestand. Die General Declaration befaßte sich mit politischen und finanziellen Themen, während die CSD die Schaffung eines Tribunals zur Regelung offener Ansprüche zwischen Parteien aus den USA und dem Iran beinhaltete[38].

Diese Ansprüche beruhten zu einem großen Teil auf Verträgen, die noch vor der iranischen Revolution im Februar 1979 zwischen US-amerikanischen Unternehmen und dem iranischen Staat abgeschlossen worden waren, sowie auf der Enteignung oder Nationalisierung US-amerikanischen Privatvermögens im Iran. Darüber hinaus verlangten viele US-amerikanische Staatsangehörige, die vor der Revolution bei US-amerikanischen Unternehmen im Iran beschäftigt waren und das Land wegen der Revolution verlassen hatten, Schadensersatz wegen unrechtmäßiger Ausweisung[39].

Aufgrund der Algier Deklarationen überwiesen die USA ca. acht Milliarden US-$ an iranischen Guthaben auf algerische Treuhandkonten. Im Gegenzug wurden die 52 amerikanischen Geiseln, die inzwischen 444 Tage im Iran festgehalten wurden, freigelassen. Außerdem wurden fünfhundert Millionen US-$ auf ein Garantiekonto eingezahlt, das zur Begleichung der Ansprüche gegen den Iran dienen sollte und das nach und nach durch Zinsen und Zinseszinsen sowie diverse weitere Zahlungen aufgestockt wurde[40]. Mittlerweile wurden daraus US-$ 2.165.255.104,43 an die Vereinigten Staaten und amerikanische Parteien und US-$ 1.012.516.179,13 an den Iran und an iranische Parteien ausbezahlt[41].

---

[37] abgedruckt in: YCA 1982 (VII), S. 257ff.

[38] *Hof,* Commentary on the UNCITRAL Arbitration Rules, S. 2f.

[39] *Borris,* Die UNCITRAL-Schiedsregeln in der Praxis des Iran-U.S. Claims Tribunal, JdS 1990 (IV), S. 4.

[40] *Maiwald,* Das Iran – U.S. Claims Tribunal, S. 3.

[41] Stand: 31.03.2001. Die jeweils aktuellen Zahlen können im Internet abgefragt werden unter: www.arbitrationsite.com.

Im Frühjahr 1981 wurde gemäß der Deklarationen das Iran – U.S. Claims Tribunal (Tribunal) mit Sitz in Den Haag / Niederlande konstituiert. Das Tribunal ist nach Art. II CSD zuständig für Klagen amerikanischer Staatsangehöriger gegen den Iran und für Klagen iranischer Staatsangehöriger gegen die USA sowie für daraus resultierende Widerklagen. Streitigkeiten ausschließlich zwischen Privaten fallen demnach nicht in die Zuständigkeit des Tribunals. Die Zuständigkeit ist zudem beschränkt auf Ansprüche, die zum Zeitpunkt der Unterzeichnung der Deklarationen fällig waren und die aus Verträgen oder eigentumsrechtlichen Positionen resultieren. Ausgeschlossen sind Ansprüche, die aus der Geiselnahme und den Gegenmaßnahmen der USA entstanden sind, sowie solche, die aus einem Vertrag stammen, in dem ausdrücklich die Zuständigkeit iranischer Gerichte vereinbart wurde.

Besetzt wird das Tribunal mit insgesamt neun Schiedsrichtern. Drei Schiedsrichter stammen aus dem Iran, drei aus den USA und drei aus Drittländern. Alle neun bilden das sogenannte Full Tribunal. Dieses hat drei Kammern mit jeweils drei Schiedsrichtern in entsprechender Zusammensetzung eingerichtet und die meisten anhängigen Fälle zur selbständigen Entscheidung auf sie verteilt. Die einzigen Fälle, die vor dem Full Tribunal verhandelt werden, betreffen Streitigkeiten über die Auslegung der Deklarationen von Algier (A-Fälle) und Streitigkeiten zwischen den beteiligten Regierungen (B-Fälle). Außerdem werden Fälle von den Kammern an das Full Tribunal weitergegeben, bei denen keine Abstimmungsmehrheit erreicht werden kann oder eine einheitliche Entscheidungspraxis zwischen den Kammern erreicht werden soll[42].

Nach Art. III Abs. 4 CSD wurde die Klageerhebungsfrist auf ein Jahr nach Inkrafttreten der Vereinbarungen von Algier, also bis zum 19. Januar 1982, begrenzt. Bis dahin hat das Tribunal 3947 Klagen registriert. Davon sind 962 sog. Large Claims (Streitwert über 250.000 US-$) und 2887 sog. Small Claims (Streitwert unter 250.000 US-$). Der Rest betrifft A- und B-Fälle. Die Unterscheidung zwischen Large Claims und Small Claims spielt insoweit eine Rolle, als erstere von den privaten Streitparteien selbst

---

[42] *Hof,* Commentary on the UNCITRAL Arbitration Rules, S. 5.

vertreten werden, während letztere von den Regierungsvertretern im Namen der Streitparteien präsentiert werden[43].

Das Tribunal nutzte anfangs die Räumlichkeiten des Ständigen Schiedsgerichtshofs, bezog aber bald schon ein eigenes Gebäude in Den Haag. Es war nämlich bald klar, daß die administrativen und personellen Möglichkeiten des im Jahre 1899 gegründeten Ständigen Schiedsgerichtshof, der bis zur Errichtung des Tribunals erst acht Klagen entschieden hatte, für die Flut der Klagen nicht ausreichen würden[44].

Von einer kurzen Unterbrechung im Jahr 1984 abgesehen, hat das Tribunal seine Arbeit während der vergangenen Jahre trotz teils gravierender Spannungen zwischen dem Iran und den USA fortgesetzt. Nach den neuesten verfügbaren Zahlen wurden bisher 3.932 Klagen durch Schiedssprüche entschieden oder verglichen, darunter 19 A-Fälle, 72 B-Fälle, 957 Large Claims und 2884 Small Claims[45]. 16 Fälle sind demnach noch anhängig. Damit sind die Prognosen einiger Autoren nicht eingetreten[46]. Diese hatten dem Tribunal schon Anfang der neunziger Jahre ein baldiges Ende vorhergesagt, weil nicht alle Small Claims Fall für Fall entschieden werden würden, sondern durch eine Globalvereinbarung beendet werden würden.

Auf die Tätigkeit des Tribunals finden nach Art. III Abs. 2 CSD grundsätzlich die UNCITRAL-SR Anwendung, soweit die Regierungen oder das Tribunal nicht abweichende Regelungen getroffen haben. Allerdings wurden die UNCITRAL-SR vor allem für die ad hoc-Schiedsgerichtsbarkeit konzipiert. Dem entspricht die Tätigkeit des Tribunals nicht ganz, denn die davor durchgeführten Schiedsverfahren beruhen nicht auf freiwilliger Vereinbarung. Außerdem ist vor dem

---

[43] *Borris,* Die UNCITRAL-Schiedsregeln in der Praxis des Iran-U.S. Claims Tribunal, JdS 1990 (IV), S. 5.

[44] *Belland,* The Iran – U.S. Claims Tribunal: Some Reflections on Trying a Claim, J.Int.Arb. 1984, S. 237.

[45] Stand: 31.03.2001. Die jeweils aktuellen Zahlen können im Internet abgefragt werden unter: www.arbitrationsite.com

[46] z.B. *Borris,* a.a.O., S. 5.

Tribunal nicht nur ein einziger Fall anhängig, sondern ca. 4000. Diesen Umständen wurde durch unterschiedliche Änderungen und Ergänzungen der UNCITRAL-SR Rechnung getragen und die sog. „Tribunal Rules" geschaffen[47]. Auf diese soll bei der Darstellung der einzelnen Problemkreise näher eingegangen werden.

Die Tatsache, daß die UNCITRAL-SR für die Bedürfnisse solch eines einzigartigen Tribunals modifiziert werden konnten, sind ein Beweis für ihre Anpassungsfähigkeit und Praxistauglichkeit. Auch die weiteren Änderungen während der Tätigkeit des Tribunals zeigen die Wandlungsfähigkeit der UNCITRAL-SR[48].

In den bisherigen knapp zwanzig Jahren seines Bestehens hat das Tribunal zu zahlreichen materiell- und verfahrensrechtlichen Problemen Stellung nehmen müssen. Als Erkenntnisquelle für die praktische Anwendung der UNCITRAL-SR sind die Entscheidungen des Tribunals deshalb von besonderer Bedeutung, weil sie sämtlich veröffentlicht werden[49], während sonst die meisten Entscheidungen in der ad hoc-Schiedsgerichtsbarkeit und in der sonstigen institutionellen Schiedsgerichtsbarkeit vertraulich bleiben. Auch für die vorliegende Arbeit waren die Entscheidungen des Tribunals eine wahre Fundgrube an unterschiedlichen Problemkreisen.

---

[47] abgedruckt in: YCA 1983 (VIII), S. 234 ff.

[48] *Dore,* The UNCITRAL Framework for Arbitration in Contemporary Perspective, S. 52.

[49] Veröffentlichung in: Iran-U.S. Claims Tribunal Reports; jährliche Auswahl von Entscheidungen in: YCA.

IV. Vergleich mit anderen Schiedsordnungen

Es bietet sich an, zur Behandlung unterschiedlicher Probleme der UNCITRAL-SR andere in der Praxis häufig verwendete Schiedsordnungen heranzuziehen. Dafür spricht schon, daß im Gegensatz zu den bislang unverändert gebliebenen UNCITRAL-SR in den letzten Monaten und Jahren einige bedeutende Schiedsordnungen revidiert worden sind.

So wurden im Jahr 1998 die Schiedsordnungen der Deutschen Institution für Schiedsgerichtsbarkeit (DIS) und der Internationalen Handelskammer (ICC) in Paris, 1999 die Schiedsregeln der Stockholmer Handelskammer (SCC) sowie im Oktober 2000 die der chinesischen Außenhandelskammer (CIETAC) überarbeitet. Selbstverständlich wurde für die vorliegende Untersuchung jeweils die aktuell gültige Fassung dieser Schiedsregeln herangezogen.

Daneben wird im Folgenden eine weitere Schiedsordnungen einer nationalen Institution näher betrachtet, nämlich die Schiedsregeln der Zürcher Handelskammer (ZHK). Diese hat gerade auch für den internationalen Schiedsverkehr eine große Bedeutung.

Hervorzuheben ist schon jetzt, daß es sich bei diesen ausgewählten Schiedsordnungen im Gegensatz zu den UNCITRAL-SR nicht um solche für ad hoc-Schiedsverfahren mit Gelegenheitsschiedsgerichten, sondern um solche für institutionelle Schiedsverfahren handelt, bei denen ständige Organisationen mit verfahrensbegleitenden Dienstleistungen tätig werden.

Um die Einordnung zu erleichtern, sollen diese Schiedsordnungen zunächst in einem einleitenden Überblick kurz vorgestellt werden, bevor dann im Rahmen der einzelnen Problemkreise nur noch auf die einschlägigen Regelungen eingegangen wird.

1. DIS – Schiedsregeln

Nachdem das Schiedsgerichtswesen in der Bundesrepublik Deutschland lange Zeit zersplittert war, gelang eine Vereinheitlichung verschiedener Schiedsgerichtsordnungen, Statute und Musterschiedsordnungen, die im Rahmen derselben Organisation existierten, erst gegen Ende der achtziger Jahre[50]. Die erste Fassung der DIS - Schiedsordnung trat zum 01. 01. 1988 in Kraft und übernahm bewährte Grundsätze internationaler Schiedsgerichtsordnungen wie ICC oder UNCITRAL[51].

Anlaß zu ihrer Revision zum 01. Juli 1998 war das neue deutsche Schiedsverfahrensrecht. Durch das Gesetz zur Neuregelung des Schiedsverfahrensrechts vom 22. Dezember 1997 ist das schiedsrichterliche Verfahren im 10. Buch der ZPO grundlegend überarbeitet worden.

Allerdings wurden durch die Neufassung des 10. Buchs tatsächlich nur wenige Änderungen der DIS – Schiedsordnung notwendig. Es bot sich aber an, das Schiedsverfahren nach zehnjährigen Erfahrungen den Erfordernissen der Praxis anzupassen[52].

In diesem Zusammenhang erfolgten die meisten Änderungen in Bereichen, die Gegenstand der Erörterung in der vorliegenden Arbeit sind. So wurde im Rahmen der stärkeren Ausprägung der Administrierung der DIS – Schiedsgerichtsbarkeit vorgesehen, daß auch eine Widerklage wie eine Klage bei einer DIS – Geschäftsstelle einzureichen ist. Neu ist auch, daß die DIS – Schiedsordnung eine Regelung für den Fall einer Mehrheit von Parteien auf Kläger- und Beklagtenseite vorsieht. Außerdem ist zur Vermeidung unnötiger Auseinandersetzungen über die Unabhängigkeit eines Schiedsrichters das Verfahren zur Konstituierung des Schiedsgerichts ausführlicher geregelt worden.

---

[50] *Glossner,* 75 Jahre institutionelle Schiedsgerichtsbarkeit in Deutschland, BB Beilage 5, 1996, S. 3.

[51] *Schütze / Tschernig / Wais,* Handbuch des Schiedsverfahrens, Rn. 776.

[52] *Bredow,* Die DIS Schiedsgerichtsordnung 1998, S. 113.

Neu ist weiterhin die Regelung des einstweiligen Rechtsschutzes durch das Schiedsgericht. Soweit die Parteien nichts anderes vereinbart haben, kann das Gericht auf Antrag einer der Parteien vorläufige oder sichernde Maßnahmen anordnen.

Die neue DIS – Schiedsgerichtsordnung sieht jetzt auch ausdrücklich eine Vorschrift zur Beendigung des Erkenntnisverfahrens vor. Das Schiedsgericht kann den Parteien Ausschlußfristen setzen, nach deren Ablauf ein neuer Sachvortrag der Parteien zurückgewiesen werden kann.

Eine weitere Neuerung ist es, daß die Weigerung eines Schiedsrichters, an einer Abstimmung teilzunehmen, die übrigen Schiedsrichter nicht hindert, ohne ihn zu entscheiden. Darüber hinaus ist eine förmliche Zustellung des Schiedsspruchs nunmehr entbehrlich.

Daneben wurden noch einige kleinere Änderungen vorgenommen, die aber in diesem Zusammenhang nicht näher beleuchtet werden sollen[53].

Es läßt sich zusammenfassend sagen, daß die neuen DIS – Schiedsregeln den Bedürfnissen der Praxis aufgrund zehnjähriger Erfahrung angepaßt worden sind und sich deshalb als Quelle für Lösungsansätze im Rahmen von Problemkreisen der UNCITRAL-SR sehr gut anbieten. Dabei muß aber die schon erwähnte Tatsache, daß es sich um eine institutionelle und nicht um eine ad hoc-Schiedsordnung handelt, berücksichtigt werden.

2. ICC – Schiedsordnung

Auch die institutionelle Schiedsgerichtsordnung der Internationalen Handelskammer in Paris ist nach umfangreichen Vorarbeiten und weltweiten Expertenanhörungen mit Wirkung vom 01. Januar 1998 neu gefaßt worden und ist schon deshalb als Quelle zur Diskussion

---

[53] näher hierzu: *Bredow*, Die DIS – Schiedsgerichtsordnung 1998, S. 111ff.

verschiedener Problembereiche der internationalen Schiedsgerichtsbarkeit prädestiniert.

Hinzu kommt, daß es sich nach der Zahl der Schiedsverfahren geurteilt bei dem ICC-Schiedsgerichtshof um die bedeutendste Schiedsinstitution der Welt handelt[54]. So wurden im Jahr 1999 529 Schiedsverfahren bei der ICC eingeleitet, die 1.354 Parteien aus 107 verschiedenen Ländern betrafen, und 269 Schiedssprüche gefällt[55].

Die Internationale Handelskammer wurde 1991 als freiwilliger Zusammenschluß von Firmen und Privatpersonen mit Interesse an internationalem Waren-, Kapital- und Dienstleistungsaustausch mit dem Ziel geschaffen, die Freiheit des Welthandels zu fördern[56]. Konsequenterweise wurde im Jahr 1923 der Schiedsgerichtshof der Internationalen Handelskammer gegründet, der nunmehr in den über 75 Jahren seines Bestehens einen erheblichen Einfluß auf die moderne Schiedsgerichtsbarkeit ausgeübt hat[57].

Die ICC-Schiedsgerichtsbarkeit ist gekennzeichnet von größtmöglicher Internationalität und stark ausgeprägter Verwaltung des jeweiligen Verfahrens. Mit beiden Merkmalen soll ein Maximum an Neutralität und ein Minimum an Anfechtungsmöglichkeiten vor den staatlichen Gerichten erreicht werden[58]. Eine dadurch bedingte gewisse Schwerfälligkeit des Apparats, hohe Gebühren und lange Verfahrensdauer aufgrund säumiger Schiedsrichter und Verzögerungs- und Ablehnungstaktiken sollen durch die jüngste Revision der Schiedsgerichtsordnung gemildert werden[59].

---

[54] *Reiner,* Handbuch der ICC-Schiedsgerichtsbarkeit, S. 7.

[55] Zahlen aus: ICC International Court of Arbitration, News Bulletin Vol. 11/1 (2000), Facts and Figures on ICC Arbitration.

[56] *Barrington,* The ICC International Court of Arbitration, Asialaw 1997, S. 34.

[57] *Schütze,* Die Schiedsgerichtsbarkeit der Internationalen Handelskammer, WM 1986, S. 345.

[58] *Schütze / Tschernig / Wais,* Handbuch des Schiedsverfahrens, Rn. 836.

[59] *Barrington,* a.a.O., S. 34.

Eine wesentliche Änderung der ICC-Schiedsregeln 1998 betrifft ihre Form. Sie wurden nämlich erstmals in sieben Abschnitte gegliedert, wodurch sich die Lesbarkeit und Handhabung stark verbessert hat[60]. Als wichtigste inhaltlicher Modifikationen sind Bestimmungen über Mehrparteienschiedsgerichtsbarkeit, vorläufigen Rechtsschutz und Korrektur des Schiedsspruchs aufgenommen worden. Diese Bereiche waren vom ICC-Schiedsgerichtshof als vordringlich bezeichnet worden[61]. Die Änderungen im Rahmen der Mehrparteienbeteiligung ist eine Reaktion der ICC auf die Entscheidung des französischen Cour de Cassation im Fall *Dutco*, wonach das Recht der Gleichbehandlung verletzt ist, wenn sich etwa zwei Beklagte auf einen Schiedsrichter einigen müssen[62]. Vorläufige und sichernde Maßnahmen können nunmehr in allen geeigneten Fällen beantragt oder sogar selbst vom Schiedsgericht angeordnet werden. Neu ist schließlich u.a. auch die Möglichkeit der Berichtigung eines bereits erlassenen Schiedsspruchs.

Neben diesen Neuerungen ist es nach wie vor charakteristisch für die ICC-Schiedsgerichtsbarkeit, daß jedes einzelne Schiedsverfahren nicht vom Schiedsgerichtshof, sondern von einem speziell für den betreffenden Streitfall konstituierten Schiedsgericht entschieden wird. In aller Regel besteht dieses Schiedsgericht entweder aus einem Einzelschiedsrichter oder aus einem Dreierschiedsgericht. Weiterhin können ICC-Schiedsverfahren an jedem Ort der Welt und in jeder beliebigen Sprache stattfinden. Der Sitz der Schiedsinstitution in Paris ist hierfür irrelevant. Die Parteien können diese Wahl noch nach Beginn des Schiedsverfahrens treffen, was oft dann von Vorteil ist, wenn die Verträge ohne Mitwirkung von Juristen ausgehandelt wurden[63]. Außerdem wurde der Ablauf des Verfahrens an vielen Stellen vereinfacht und beschleunigt.

---

[60] *Weigand,* Die neue ICC-Schiedsgerichtsordnung 1998, NJW 1998, S. 2081.

[61] *Lionnet,* ICC Rules of Arbitration 1998, BB Beilage 13, 1997, S. 15.

[62] Cour de Cassation, Entscheidung vom 07.01.1992, abgedruckt in BB 1992, Beilage 15, S. 27.

[63] *Nerz,* Vor- und Nachteile eines Schiedsverfahrens nach der Schiedsgerichtsordnung der Internationalen Handelskammer, RIW 1990, S. 351.

Eine Besonderheit der ICC-Schiedsgerichtsordnung, die auch nach der Neufassung erhalten blieb und dessen Abfassung lediglich erleichtert wurde, ist der Schiedsauftrag (Terms of Reference), den die Schiedsrichter und Parteien zu Beginn des Verfahrens zu erstellen haben. Dieser steckt den Rahmen des Schiedsverfahrens ab und dient der effizienteren Verfahrensgestaltung[64]. Neu ist in diesem Zusammenhang die Aufgabe des Schiedsgerichts, einen Zeitplan für den vorläufigen Verlauf des Schiedsverfahrens vorzulegen. Dies soll vor allem einen erzieherischen Zweck zur Verfahrensbeschleunigung haben[65]

Zusammenfassend läßt sich feststellen, daß die ICC unter allen im internationalen Bereich tätigen Institutionen den größten Einfluß auf die Durchführung eines Verfahrens nimmt, insbesondere durch die Bindung des Schiedsgerichts an die Terms of Reference. Damit stellt die ICC-Schiedsordnung das Musterbeispiel einer institutionellen Schiedsgerichtsbarkeit dar [66].

3. Schiedsregeln der Stockholmer Handelskammer

Stockholm als Sitz eines internationalen Schiedsgerichts hat nach dem Zweiten Weltkrieg häufig Berücksichtigung bei wichtigen Vertragsschlüssen gefunden. Die traditionellen Erfahrungen einer Schifffahrtsnation im Überseegeschäft tragen hierzu ebenso bei wie die Sachkunde schwedischer Ingenieure in bezug auf Produktionstechnik, Maschinen- und Anlagenbau[67].

Ähnlich wie die Internationale Handelskammer hat die Handelskammer Stockholm ein Schiedsgerichtsinstitut eingerichtet, welches in seiner

---

[64] *Rainer,* Handbuch der ICC-Schiedsgerichtsbarkeit, S. 20.

[65] *Weigand,* Die neue ICC-Schiedsgerichtsordnung 1998, NJW 1998, S. 2081.

[66] *Schütze / Tschernig / Wais,* Handbuch des Schiedsverfahrens, Rn. 836.

[67] *Schütze / Tschernig / Wais,* a.a.O., Rn 858.

jetzigen Form seit 1949 existiert, aufbauend auf einer seit 1917 bestehenden Schiedsgerichtsordnung[68].

Dieses Schiedsgerichtsinstitut, das internationale Bedeutung vor allem im Ost – West- und Nord – Süd – Handelsverkehr erlangt hat[69], hat die Schiedsordnung zunächst 1976 und dann 1987 auf der Grundlage der UNCITRAL-SR und der Erfahrungen anderer bekannter Schiedsgerichtsinstitutionen geändert und erweitert, bevor sie mit Wirkung vom 01. April 1999 erneut überarbeitet wurde.

Im Rahmen dieser Neufassung wurde unter anderem den Parteien die Möglichkeit eingeräumt, selbst zu entscheiden, wie der Vorsitzende des Schiedsgerichts bestellt wird. Auch enthalten die neuen SCC-Schiedsregeln in Übereinstimmung mit internationalen Regeln eine Bestimmung darüber, daß die Schiedsrichter über Arrest und einstweilige Verfügung bestimmen können. Auch wurde die Frist zur Verkündung des Schiedsspruch auf sechs Monate herabgesetzt, um den Eindruck zu vermeiden, daß die Verfahren in Stockholm eine längere Zeit beanspruchen als an anderen Orten auf der Welt[70].

Im übrigen sehen die SCC – Schiedsregeln, wie die ICC – Schiedsordnung und andere Schiedsregeln institutioneller Schiedsgerichte, auf der einen Seite ein verfahrensförderndes Gremium bestehend aus Vorstand und Sekretariat, auf der anderen Seite das eigentliche Schiedsgericht vor, das von Fall zu Fall neu zusammentritt, streitentscheidend und im Vergleich etwa zur ICC-Schiedsordnung deutlich unabhängiger ist.

Das Schiedsgerichtsinstitut hat nur die Aufgabe, im Rahmen der Schiedsordnung bei der Durchführung des Verfahrens Hilfestellung zu gewähren. So dient das Institut etwa als Reserveinstanz für die Schiedsrichterbenennung, wenn die Parteien nichts anderes vereinbart

---

[68] *Aden,* Internationale Handelsschiedsgerichtsbarkeit, S. 46.

[69] *Chang,* SCC and CIETAC Arbitration Rules, J.Int.Arb. 1992, S. 95.

[70] *Strempel / Hober,* Das neue schwedische Gesetz über Schiedsverfahren, neue Regeln für das Schiedsinstitut der Handelskammer Stockholm, BB Beilage 4, 1999, S. 8.

haben, und entscheidet über die Ablehnung und Ersetzung von Schiedsrichtern. Eine formelle Prüfungsbefugnis wie etwa der ICC – Schiedsgerichtshof hat das Institut hingegen nicht.

Die SCC – Schiedsregeln werden daher in der Regel dann vereinbart, wenn die Parteien einerseits zu großen Einfluß des Schiedsgerichtshofs befürchten[71], aber andererseits auch nicht völlig auf einen institutionellen Rückhalt bei der Durchführung des Verfahrens und bei der eventuell nötig werdenden Ersatzbestellung von Schiedsrichtern verzichten wollen[72].

4. Schiedsordnung der Zürcher Handelskammer

Aufgrund ihrer politischen Neutralität und ihrer exportorientierten Wirtschaft gilt die Schweiz als klassisches Land der internationalen Schiedsgerichtsbarkeit. Unter den institutionellen Schiedsgerichten in der Schweiz nimmt wiederum die Zürcher Handelskammer eine Vorrangstellung ein. Im Durchschnitt finden dort jährlich neun Fälle mit internationaler Beteiligung statt[73].

Außerdem wird „neutrales" materielles schweizerisches Recht häufig als anzuwendendes Recht in internationalen Vertragsverhandlungen vereinbart. Dieser Rechtswahl folgt oft die Entscheidung für ein Schiedsgericht in der Schweiz[74].

Die ZHK unterhält seit 1911 eine eigene Schiedsgerichtsinstitution für nationale und internationale Streitfälle. Sie hat ihre Schlichtungs- und Schiedsgerichtsordnung von 1977 zum 01. Januar 1989 neu gefaßt und den Vorschriften des damals neuen schweizerischen Schiedsgesetzes

---

[71] *Nerz,* Vor- und Nachteile eines Schiedsverfahrens nach der Schiedsgerichtsordnung der Internationalen Handelskammer, RIW 1990, S. 353.

[72] *Aden,* Internationale Handelsschiedsgerichtsbarkeit, S.47.

[73] *Glattfelder,* Die internationale Schiedsgerichtsbarkeit der Zürcher Handelskammer, S. 5.

[74] *Schütze / Tschernig / Wais,* Handbuch des Schiedsverfahrens, Rn. 848.

angepaßt[75]. Daneben bleibt die Schiedsgerichtsordnung von 1977 für Verfahren mit rein nationalem Bezug in Kraft. Hauptunterschied zwischen beiden ist, daß in der Schiedsgerichtsordnung von 1977 dem eigentlichen Schiedsverfahren ein Schlichtungsverfahren vorangestellt ist, während die internationale Schiedsgerichtsordnung nur kurz die Möglichkeit der Parteien zu einer gütlichen Einigung erwähnt.

Charakteristisch für die ZHK-Schiedsordnung ist die Berufung eines Sekretärs für jedes Schiedsverfahren. Ihm obliegt das Betreiben des einzelnen Falles in der Art einer Geschäftsstelle. An der Abstimmung zur Abfassung eines Schiedsspruchs nimmt er jedoch nicht teil. Da dem Sekretär das gleiche Honorar zusteht wie den Schiedsrichtern, wirkt sich dies in einer beträchtlichen Kostensteigerung aus[76].

Ein früher bestehendes Merkmal der ZHK-Schiedsordnung wurde durch den Beitritt Zürichs zum Konkordat und der Einführung des IPR-Gesetzes zum 01. Januar 1989 aufgehoben. Vorher konnten gegen mißliebige Schiedssprüche Rechtsmittel vor den ordentlichen Gerichten in Zürich eingelegt werden. Kritiker nahmen an der Möglichkeit Anstoß, daß hierdurch das Schiedsgerichtsverfahren in die Länge gezogen werden konnte, was jedoch von anderen Autoren widerlegt wurde[77]. Dieses Problem stellt sich aus obigen Gründen nun nicht mehr.

Besonders in der deutschen Wirtschaft hat das zu Anfang geschilderte schiedsgerichtsfreundliche Klima Anklang gefunden, was sich in der häufigen Vereinbarung der Schiedsgerichtsbarkeit der ZHK widerspiegelt. Für die vorliegende Arbeit ist die Schiedsordnung der ZHK vor allem auch deshalb interessant, weil sie als eine der wenigen bedeutenden Schiedsordnungen schon seit längerer Zeit eine Regelung zur Mehrparteienschiedsgerichtsbarkeit enthält.

---

[75] *Berger,* Internationale Wirtschaftsschiedsgerichtsbarkeit, S. 43.

[76] *Schütze / Tschernig / Wais,* Handbuch des Schiedsverfahrens, Rn. 851.

[77] *Schlosser,* Probleme der internationalen Handelsschiedsgerichtsbarkeit, Die AG 1979, S. 237.

5. CIETAC – Schiedsregeln

Die China International Economic and Trade Arbitration Commission wurde im Jahr 1954, damals allerdings noch unter anderem Namen, gegründet. Sie hat ihren Sitz in Beijing. Zwei Unterkommissionen bestehen in der Wirtschaftssonderzone Shenzhen und in Shanghai. Trägerkörperschaft ist der China Council for the Promotion of International Trade. Mit jährlich mehr als 300 anhängigen Schiedsverfahren in den neunziger Jahren rangiert die CIETAC nach der Zahl der Schiedsverfahren geurteilt hinter der ICC an zweiter Stelle in der Welt[78].

Ursache hierfür ist vor allem, daß in der Mehrzahl der Verträge, die während der 80er Jahre in der damals vorherrschenden China-Euphorie abgeschlossen wurden, regelmäßig den chinesischen Außenhandelsmusterverträgen gefolgt wurden, die fast alle für den Fall von Streitigkeiten die Anrufung des Schiedsgerichts in Beijing vorsahen[79].

Es handelt sich bei der CIETAC um ein echtes institutionelles Schiedsgericht, nicht nur um eine Schiedsgerichtsorganisation. Organ des Schiedsgerichts ist die Schiedsgerichtskommission. Diese besteht aus dem Vorsitzenden, mehreren stellvertretenden Vorsitzenden und Kommissionsmitgliedern. Die tägliche administrative Arbeit wird durch das Sekretariat sichergestellt. Eine Besonderheit der CIETAC-Schiedsordnung ist es, daß Schiedsrichter nur sein kann, wer in die Liste der Schiedsrichter eingetragen ist. Während früher in der Schiedsrichterliste nur chinesische Staatsangehörige enthalten waren, sind seit der Fassung von 1989 auch ausländische Schiedsrichter zugelassen[80].

---

[78] *Chang,* SCC and CIETAC Arbitration Rules, J.Int.Arb. 1992, S. 97.

[79] *Stricker,* Internationale Schiedsgerichtsbarkeit in der Volksrepublik China, JdS 1988 (II), S. 289.

[80] *Schütze,* Die Schiedsgerichtsbarkeit des chinesischen Außenhandelsschiedsgerichts in Beijing, WM 1989, S. 162.

Am 01. Oktober 2000 wurden die bis dahin geltenden Schiedsregeln der CIETAC aus dem Jahr 1994 durch eine Neufassung ersetzt, deren Ziel eine Verbesserung und vor allem eine Beschleunigung der Schiedsverfahren ist.

Schon die CIETAC-Schiedsordnung von 1994 sieht als Charakteristikum ein beschleunigtes Verfahren bei Schiedsklagen unter einem bestimmten Streitwert oder bei übereinstimmendem Parteiwillen vor. Außerdem ist für reguläre Schiedsverfahren eine Frist für das Ergehen des Schiedsspruchs vorgesehen. Sie beträgt neun Monate und beginnt mit der Bildung des Schiedsgerichts zu laufen. Ob diese in der Praxis jedoch regelmäßig eingehalten wird, mag dahingestellt bleiben[81].

Nachteilig wird am CIETAC-Schiedsverfahren gesehen, daß die Schiedsverhandlungen regelmäßig in Beijing stattfinden, so daß die Teilnahme für die ausländische Partei mit relativ großem Aufwand verbunden ist. Offizielle Verfahrenssprache ist Chinesisch, was für die ausländische Partei gegenüber der chinesischen trotz Dolmetscher zumindest zu einem psychologischen Nachteil führt. Außerdem haben die Parteien ihre eigenen Kosten regelmäßig selbst zu tragen, und die Vollstreckung der Schiedssprüche in der VR China ist nicht unproblematisch. Es bleibt daher abzuwarten, ob sich nach der Neufassung der CIETAC-Schiedsregeln vom Oktober 2000 die Einschätzung ändert, bislang von der Vereinbarung der Zuständigkeit der CIETAC für die Streitentscheidung abzuraten[82].

---

[81] *Wolff*, Neue Schiedsregeln der CIETAC, BB 1995, Beilage 5, S. 18.

[82] *Wolff*, a.a.O., S. 18

V. Weiterer Gang der Darstellung

Der Hauptteil der Arbeit befaßt sich mit sechs wichtigen Problemkreisen, die sich aus der Anwendung der UNCITRAL-SR ergeben können. Für die Auswahl dieser Rechtsprobleme hat die Praxis des Iran-U.S. Claims Tribunals ebenso eine Rolle gespielt wie die Erfahrungen und jüngsten Entwicklungen anderer, weit verbreiteter Schiedsordnungen, mit denen die Regelungen der UNCITRAL-SR verglichen wird.

Zu Anfang wird die sehr aktuelle Problematik der Mehrparteienschiedsgerichtsbarkeit erörtert. Dazu findet sich in den bislang in den UNCITRAL-SR keine Regelung, während andere Schiedsordnungen hierfür schon länger Vorkehrungen getroffen oder sich in ihren Neufassungen den Entwicklungen in der Rechtsprechung angepaßt haben.

Im zweiten Hauptteil wird auf das Thema Befangenheit und Ablehnung von Schiedsrichtern eingegangen, das vor allem im Rahmen des Iran-U.S. Claims Tribunals eine große Rolle spielt. Die in diesem Zusammenhang ergangenen Entscheidungen des Tribunals sind ein großer Fundus zur Konkretisierung und Ergänzung der UNCITRAL-SR. Interessant ist auch zu sehen, wie die Regelungen hierzu in einer sehr stark institutionalisierten und staatlich beeinflußten Organisation wie der CIETAC ausgestaltet sind.

Darauf folgend wird die Frage der Zulässigkeit und des Umfangs einer Widerklage diskutiert. Wie auch in den anderen Hauptteilen der Arbeit sollen dafür zunächst die Problemstellung und die Regelung in der UNCITRAL-SR aufgezeigt werden, um anschließend deren Modifikationen und Anwendung in der Praxis des Iran-U.S. Claims Tribunals darzustellen.

In einem weiteren Schritt wird ein Vergleich mit den Regelungen in den Schiedsordnungen der DIS, der ICC, der SCC, der ZHK und der CIETAC angestellt.

Im vierten Hauptteil wird auf die Problematik verspätetes Vorbringen und Säumnis der Parteien eingegangen. Die Schiedsgerichtsbarkeit wird im Wirtschaftsverkehr auch deshalb häufig den ordentlichen Gerichten vorgezogen, weil man davon ausgeht, schneller an einen vollstreckbaren Titel zu gelangen. Es wird deshalb dargestellt, wie die UNCITRAL-SR mit dieser Anforderung umgeht und ob sie sich in der Praxis des Iran-U.S. Claims Tribunals bewährt hat. Vergleichend werden wiederum andere Schiedsordnungen herangezogen.

Im fünften Hauptteil ist auf das Problem des einstweiligen Rechtsschutzes einzugehen. Dieses ist nicht nur Gegenstand vielfacher Entscheidungen des Iran-U.S. Claims Tribunals und jüngster Modifikationen verschiedener Schiedsordnungen, sondern stand auch auf der Tagesordnung der Arbeitsgruppe für Schiedsgerichtsbarkeit der UNCITRAL bei ihren Treffen im März und November / Dezember 2000 in Wien. Zwar beschäftigt sich diese Arbeitsgruppe hauptsächlich mit dem UNCITRAL Model Law, das als Vorbild für nationale Schiedsordnungen dienen soll, doch zeigt die Auseinandersetzung mit dieser Thematik deren Aktualität und Brisanz.

Schließlich werden im letzten Hauptteil die Regelungen der UNCITRAL-SR zu den Förmlichkeiten des Schiedsspruchs, insbesondere zum Ort des Erlasses und zur Abgabe von abweichenden Meinungen, anhand der Rechtsprechung des Iran-U.S. Claims Tribunals und dem Vergleich mit anderen Schiedsordnungen diskutiert.

Daran schließt sich eine Zusammenfassung und Schlußbetrachtung an. Auf den Abdruck vollständiger Textfassungen der angesprochenen Schiedsordnungen wurde verzichtet, vielmehr sind die einschlägigen Regelungen bei den einzelnen Problemkreisen inhaltlich dargestellt[83].

---

[83] die aktuellen Fassungen der ICC-SO, ZHK-SO und UNCITRAL-SR sind abgedruckt in: *Labes/Lörcher,* Nationales und internationales Schiedsverfahrensrecht, S. 237 ff., 307 ff., 479 ff.; die aktuellen Fassungen der DIS-SR, SCC-SR und CIETAC-SR können im Internet abgefragt werden unter www.dis-arb.de, www.chamber.se und www.cietac.org.cn.

Erster Teil: Mehrparteienschiedsgerichtsbarkeit

I. Problemstellung

Wie im Zivilprozeßrecht ist Grundfall der Schiedsgerichtsbarkeit das Zweiparteienverfahren, wobei jeder Seite lediglich eine natürliche oder juristische Person angehört. Von Mehrparteienschiedsgerichtsbarkeit spricht man hingegen, wenn mehrere Schiedskläger und / oder mehrere Schiedsbeklagte beteiligt sind[84]. Dies sind also die Fälle von Streitgenossenschaft, wobei sowohl eine ursprüngliche als auch eine nachträgliche in Betracht kommt. Nur im weiteren Sinne liegt ein Mehrparteienverfahren vor, wenn ein Nebenintervenient freiwillig oder aufgrund der Streitverkündung in den Prozeß eintritt[85]. Letztere Konstellation, bei der mangels Parteisstellung des Nebenintervenienten keine Mehrparteiensituation im eigentlichen Sinn gegeben ist, wird hier nicht weiter vertieft.

Durch die Zunahme des grenzüberschreitenden Handels und der Größe einzelner Transaktionen hat sich die Zahl der daran beteiligten Unternehmen in den letzten Jahrzehnten stark erhöht. Dies führt auf der rechtlichen Seite zu einer Vielzahl von selbständigen Verträgen innerhalb desselben wirtschaftlichen Projekts (Konsortien, Joint Venture). Folglich werden bei Streitigkeiten nicht nur zwei, sondern drei und mehr Unternehmen verwickelt, die ein Interesse am Ausgang eines Schiedsverfahrens über denselben streitigen Punkt haben können[86].

Um so erstaunlicher mutet es an, daß bis vor wenigen Jahren in keiner der international verbreiteten Schiedsregeln mit Ausnahme der ZHK-Schiedsordnung das Phänomen angesprochen wurde, daß mehrere Parteien an einem Rechtsstreit beteiligt sind oder beteiligt werden sollen[87]. Dabei

[84] *Lachmann*, Handbuch für die Schiedsgerichtspraxis, Rn. 647.
[85] *Habscheid,* Zum Problem der Mehrparteienschiedsgerichtsbarkeit, S. 177.
[86] *Bernini*, Arbitration in Multi-Party Business Disputes, YCA 1981 (V), S. 291.
[87] *Schlosser,* Das Recht der internationalen privaten Schiedsgerichtsbarkeit, Rn. 559.

betreffen z.B. beim Schiedsgerichtshof der ICC schon seit längerem mehr als 20 % der eingereichten Schiedsklagen Verfahren mit drei oder mehr Parteien[88]. Auch in den UNCITRAL-SR existiert eine solche Regelung nicht.

In der wissenschaftlichen Erörterung ist die Mehrparteienschiedsgerichtsbarkeit seit den siebziger Jahren Gegenstand zahlreicher Konferenzen und Seminare. Die institutionellen Schiedsorganisationen sind vor allem durch ein Urteil des französischen Kassationshofs vom 07. Januar 1992[89] dazu animiert worden, sich der Thematik im Rahmen ihrer Schiedsordnungen anzunehmen.

Dazu lassen sich die Regelungen, welche die staatlichen Rechtsordnungen zu diesem Zweck für Gerichtsverfahren entwickelt haben, wie etwa Streitgenossenschaft, Streitverkündung und Nebenintervention in der deutschen Zivilprozeßordnung, nicht auf die Schiedsgerichtsbarkeit übertragen. Denn anders als beim Gang vor die ordentlichen Gerichte beruht ein Schiedsverfahren auf einer vertraglichen Vereinbarung. Demzufolge kommt ein Mehrparteienverfahren nur in Betracht, wenn sich alle beteiligten Parteien demselben Schiedsvertrag unterworfen haben. Außerdem umfaßt es regelmäßig, anders als ein Verfahren vor den staatlichen Gerichten, die Mitwirkung der Parteien bei der Bildung des Spruchkörpers[90]. Dies ist häufig ein wesentliches Kriterium zur Wahl des Schiedsverfahrens anstelle der staatlichen Gerichtsbarkeit[91].

Zwar ließe sich die Problematik dadurch leicht umgehen, daß entsprechende vertragliche Vereinbarungen zwischen den Parteien für den Fall eines Mehrparteienschiedsverfahrens getroffen werden, die vor allem die Frage der Schiedsrichterbenennung und das Zusammenlegen von

---

[88] *Seppala,* Multi-Party Arbitration at Risk in France, IFLR 1993, S. 33.

[89] sog. *Dutco*-Entscheidung, dt. Übersetzung veröffentlicht in: BB 1992, Beilage 15, S.27; hierzu unten mehr.

[90] *Laschet,* Die Mehrparteienschiedsgerichtsbarkeit, S. 89.

[91] *Markfort,* Mehrparteien-Schiedsgerichtsbarkeit im deutschen und ausländischen Recht, S. 108.

Verfahren regeln[92]. Diese einfache Lösung funktioniert aber deshalb häufig nicht, weil die vereinbarten standardisierten Schiedsklauseln regelmäßig nicht auf Mehrparteienverhältnisse zugeschnitten sind. Es kommt daher häufig auf die subsidiär geltenden vereinbarten Schiedsordnungen an.

Mit dem größten Engagement widmete sich die ICC der Thematik. Neben verschiedenen Kongressen zu dieser Problematik verabschiedete sie im Jahr 1981 einen „Guide on Multi-party Arbitration", der Richtlinien für die Behandlung von Mehrparteienschiedsverfahren enthielt. Doch erst im Jahr 1998 wurde eine Regelung zur Mehrparteienschiedsgerichtsbarkeit in die ICC-Schiedsordnung aufgenommen. Zuvor wurde die Frage aufgeworfen, ob die auftauchenden Probleme nicht unlösbar sind und ob die Administration von Mehrparteienschiedsgerichten nicht die Schiedsinstitutionen überfordern[93]. Dies läßt die Schwierigkeiten erahnen, die im Bereich der Mehrparteienschiedsgerichtsbarkeit auftreten.

Letztlich umfassen diese zwei Problemkreise. Der erste betrifft die Frage, wie die Schiedsrichter zu benennen sind, wenn in einer Schiedsklage mehr als zwei Personen als Kläger oder Beklagte genannt sind. Im Rahmen des zweiten ist zu klären, ob und inwieweit die Zusammenlegung mehrerer Zweiparteienschiedsverfahren zu einem einheitlichen Mehrparteienverfahren möglich ist.

1. Benennung der Schiedsrichter

Die Bildung des Schiedsgerichts ist bei jedem Verfahren von grundlegender Bedeutung. Da die Parteien, anders als vor den staatlichen Gerichten, einen Einfluß auf dessen Zusammensetzung haben, spielt es eine entscheidende Rolle, welches Gewicht die Parteien bei der Bestimmung der Schiedsrichter haben. Denn es wird sich zumindest in der Praxis nicht

[92] vgl. hierzu: *Bartels,* Multi-Party Arbitration Clauses, J.Int.Arb. 1982 (2), S. 61.

[93] *Oswald,* Probleme der Mehrparteienschiedsgerichtsbarkeit, S. 3.

leugnen lassen, daß ein von einer Partei ernannter Schiedsrichter regelmäßig weniger neutral sein wird als ein unabhängiger Dritter.

Beim Zweiparteienverfahren können sich die Parteien entweder auf einen Einzelschiedsrichter einigen oder ihn durch eine dritte Instanz ernennen lassen. Sollte ein Dreierschiedsgericht vereinbart oder in der Schiedsordnung vorgesehen sein, kann jede Partei ihren Schiedsrichter benennen. Der dritte wird durch Einigung oder eine neutrale Institution bestimmt.

Beim Mehrparteienverfahren tritt das Problem der Benennung der Schiedsrichter dann nicht auf, wenn sich mehrere Kläger und / oder Beklagte auf jeweils einen Schiedsrichter einigen können. Dies wird regelmäßig bei gleichgerichteten Interessen, z.B. bei Gesellschaftern, die gegen die Gesellschaft oder einen anderen Gesellschafter vorgehen, der Fall sein. Häufiger jedoch, etwa wenn mehrere Beklagte als Alternativschuldner in Anspruch genommen werden, liegt ein starker Interessengegensatz unter den einzelnen Parteien vor, obwohl sie auf derselben Seite im Rahmen des Verfahrens stehen[94]. Sie werden sich dann nur selten freiwillig auf denselben Schiedsrichter einigen können.

Für die Lösung der Problematik der Schiedsrichterwahl sind mehrere Ansätze denkbar. Zum ersten könnte für den Fall, daß sich mehrere Kläger oder Beklagte nicht einigen können, das Schiedsgericht insgesamt durch eine Drittinstanz gebildet werden. Hiergegen wird vor allem eingewandt, daß nicht eine Partei das Recht der Schiedsrichterbenennung verlieren soll, nur weil sich die anderen Parteien nicht auf einen Schiedsrichter einigen können[95].

Zum zweiten könnte man jeder Partei, auch wenn mehrere auf einer Seite stehen, das Recht zuerkennen, einen Schiedsrichter zu benennen. Dies würde allerdings dazu führen, daß bei einer Vielzahl von Klägern und / oder Beklagten eine unüberschaubare Zahl von Schiedsrichtern tätig

---

[94] *Stein/Jonas-Schlosser*, § 1034 ZPO, Rn. 26f.

[95] *Laschet*, Die Mehrparteienschiedsgerichtsbarkeit, S. 109.

werden würde, so daß das Schiedsgericht kaum noch funktionsfähig wäre. Außerdem wäre eine Waffengleichheit zwischen der einzelnen Partei auf der einen und den anderen Parteien auf der anderen Seite nicht mehr gewährleistet[96].

Schließlich besteht noch die Möglichkeit, daß sich mehrere Kläger oder Beklagte auf einen Schiedsrichter einigen müssen, der zusammen mit dem benannten Schiedsrichter der anderen Partei einen dritten bestimmt. Dies war lange Zeit die Vorgehensweise der ICC, bis es zur bereits oben erwähnten sog. *Dutco*-Entscheidung des Cour de Cassation[97] kam, die zu den wichtigsten Entscheidungen gezählt wird, die in den letzten Jahrzehnten von höchsten staatlichen Gerichten zu Fragen des Schiedsverfahrensrechts erlassen worden sind[98].

Dem Urteil lag zugrunde, daß sich zwei Beklagte, die unterschiedliche Interessen verfolgten, nach Aufforderung durch die ICC, deren Schiedsgerichtsbarkeit sie sich unterworfen hatten, nicht auf einen gemeinsamen Schiedsrichter einigen wollten und sich auf ihr Recht zur Ernennung je eines eigenen Schiedsrichters beriefen. Dies wurde von der ICC mit der Begründung abgelehnt, daß alle drei Parteien eine Schiedsklausel mit einem Dreierschiedsgericht vereinbart hatten. Vor dem Cour de Cassation hatten die Beklagten jedoch Erfolg. Er hob die Entscheidung der ICC mit der Begründung auf, daß der Grundsatz der Gleichheit der Parteien bei der Bildung des Schiedsgerichts zum ordre public gehört, auf den erst nach dem Entstehen des Rechtsstreits verzichtet werden kann.

Aus diesem nicht näher begründeten Urteil kann man unterschiedliche Schlußfolgerungen ziehen. Zum Teil wird vertreten, daß der Grundsatz der Gleichheit der Parteien jeder Partei das Recht auf einen eigenen Schiedsrichter einräumt. Es würde der Entscheidung nicht gerecht werden,

---

[96] *Laschet,* Die Mehrparteienschiedsgerichtsbarkeit, S. 110.

[97] Cour de Cassation vom 07.07.1992, BB Beilage 15, 1992, S. 27.

[98] *Schwab,* Die Gleichheit der Parteien bei der Bildung des Schiedsgerichts, BB Beilage 15, 1992, S. 17.

wenn eine Schiedsinstitution bei einer fehlenden Einigung der Parteien sowohl für die Kläger- als auch für die Beklagtenseite einen Schiedsrichter bestellen könnte[99].

Dieser Standpunkt geht aber zu weit. Ausgehend von dem Sachverhalt läßt sich der Entscheidung nur entnehmen, daß der Zwang mehrerer Kläger oder Beklagter zur Einigung auf einen Schiedsrichter wegen der Gleichheit der Parteien gegen den ordre public verstößt. Nicht gesagt ist damit, daß jede Partei in jedem Fall das Recht auf einen eigenen Schiedsrichter hat. Die Waffengleichheit ist auch dann gewahrt, wenn keine Seite ihren Schiedsrichter benennen kann, sondern eine neutrale Institution nach Entstehung des Rechtsstreits das Schiedsgericht bestimmt. Dies ist auch für die Partei zumutbar, die allein auf einer Seite steht und eigentlich einen Schiedsrichter benennen könnte. Denn hierbei wird es sich in den meisten Fällen um den Kläger handeln, für den die Durchführung des Mehrparteienverfahrens im Gegensatz zur Alternative der Verfahrenstrennung die Vorteile der Vermeidung widersprüchlicher Entscheidungen, der Kostenreduzierung und der Erreichung eines schnellen Titels hat[100].

Außerdem wird vertreten, daß eine Schiedsvereinbarung, die mehrere Parteien verbindet, ohne besondere Vorkehrungen für den Fall der Schiedsrichterbestellung zu treffen, bereits auf die Möglichkeit eines Mehrparteienschiedsverfahrens und der damit resultierenden Schwierigkeiten bei der Bestimmung der Schiedsrichter angelegt sei. Die Berufung auf das eigene Ernennungsrecht durch die allein auf einer Parteiseite stehenden Partei stehe dann der alle Parteien verbindende Grundsatz von Treu und Glauben entgegen. Die Parteien müssten sich so behandeln lassen, als ob sie für diesen Fall die Ernennung des gesamten Schiedsgerichts durch eine dritte Stelle von vornherein vereinbart hätten[101].

---

[99] *Schwab,* Die Gleichheit der Parteien bei der Bildung des Schiedsgerichts, BB Beilage 15, 1992, S. 18.

[100] *Nicklisch,* BOT-Projekte: Vertragsstrukturen, Risikoverteilung und Streitbeilegung, BB 1998, S. 7.

[101] *Berger,* Internationale Wirtschaftsschiedsgerichtsbarkeit, S. 222f.

Auch diese Ansicht, die mit einer erheblichen Einschränkung der Privatautonomie verbunden ist, mag zu weit gehen, denn schließlich sind die Parteien mit der Vereinbarung der Schiedsklausel darin übereingekommen, Einfluß auf die Besetzung des Schiedsgerichts zu nehmen. In jedem Fall dürfte es aber auch nach der Entscheidung des Cour de Cassation ein gangbarer Weg sein, wenn in der Schiedsordnung eine Pflicht zur Benennung eines gemeinsamen Schiedsrichters bei mehreren Klägern und Beklagten vorgesehen ist und für den Fall der fehlenden Einigung nach Entstehung des Rechtsstreits eine dritte Stelle die Schiedsrichterbestimmung für beide Seiten vornehmen soll.

Näher zu beleuchten wird jedoch sein, ob dieser Lösungsweg auch für ad hoc-Schiedsverfahren wie den UNCITRAL-SR der richtige ist[102].

2. Zusammenlegung von Schiedsverfahren

Der zweite große Problemkreis im Zusammenhang mit Mehrparteienverfahren betrifft die Frage, ob und unter welchen Voraussetzungen mehrere Schiedsverfahren zusammengelegt werden können, sofern sie miteinander im Zusammenhang stehen, weil eine Partei an allen Verfahren beteiligt und über ähnliche Tatsachen- oder Rechtsfragen zu entscheiden ist.

Eine solche Zusammenlegung hätte den Vorteil, bei der Klärung identischer Tatsachen- und Rechtsfragen widersprüchliche Entscheidungen zu vermeiden, und wäre mit einer Zeitersparnis verbunden, weil Zeugen und Sachverständige nur einmal gehört werden müssen. Dadurch würden auch die Verfahrenskosten erheblich gemindert werden.

Andererseits sollte die Gefahr divergierender Entscheidungen nicht überbewertet werden, da qualifizierte Schiedsrichter regelmäßig in der Lage sind, Irrtümer bei der Tatsachenfeststellung oder der Rechtsfindung

---

[102] hierzu IV.

zu vermeiden. Außerdem wird durch die Zusammenlegung mehrerer Schiedsverfahren die Vertraulichkeit des schiedsgerichtlichen Verfahrens aufgehoben[103]. Vorteile und Nachteile einer Zusammenlegung halten sich also in etwa die Waage.

Grundlage für ein Mehrparteienschiedsverfahren ist der Schiedsvertrag. Deshalb kann die Frage der Zusammenlegung für eine Partei, die nicht an eine Schiedsklausel gebunden ist, von vornherein nicht akut werden. Diese kann in ein Schiedsverfahren, dessen Ausgang für sie Folgen haben könnte, weder hineingezogen werden, noch kann sie erzwingen, daß sie an dem Verfahren teilnimmt[104]. Für eine vertragliche Grundlage reichen textgleiche Schiedsklauseln in den jeweiligen Verträgen nicht aus. Auch genügt nicht, daß die Parteien durch formell denselben Vertrag einschließlich seiner Schiedsklausel miteinander verbunden sind. Dies kann allenfalls ein Indiz dafür neben anderen sein, daß die Vertragsparteien eine Mehrparteienstruktur des Schiedsvertrags akzeptiert haben[105].

Eindeutig ist daher allein eine ausdrückliche Vereinbarung der Parteien[106], die Bezugnahme auf eine Schiedsordnung, die eine solche Möglichkeit vorsieht oder eine Zustimmung aller Parteien nach Entstehung des Rechtsstreits. Außerdem kann eine Zusammenlegung auf der Anordnung eines staatlichen Gerichts beruhen, wenn eine entsprechende gesetzliche Ermächtigung existiert, wie es z.B. in den Niederlanden und in Hongkong der Fall ist[107].

Im Rahmen eines ad hoc-Schiedsverfahrens wie den UNCITRAL-SR stellt sich die Frage, ob es sinnvoll ist, im Rahmen der Schiedsordnung die Möglichkeit der Zusammenlegung von Schiedsverfahren vorzusehen, die zu einer nicht unerheblichen Verkomplizierung des Verfahrens führen können[108].

---

[103] *Oswald*, Probleme der Mehrparteienschiedsgerichtsbarkeit, S. 99ff.
[104] *Laschet*, Die Mehrparteienschiedsgerichtsbarkeit, S. 104.
[105] *Schlosser*, Das Recht der internationalen privaten Schiedsgerichtsbarkeit, Rn. 561f.
[106] siehe hierzu IV.
[107] *Oswald*, a.a.O., S. 104ff.
[108] siehe hierzu IV.

Als Alternative kommt in Betracht, getrennte Verfahren durchzuführen, bei denen eine Identität oder Teilidentität der Schiedsrichter vorliegt. Ferner könnte bei im Zusammenhang stehenden Schiedsverfahren eines oder mehrere so lange ausgesetzt werden, bis im ersten Schiedsverfahren ein Schiedsspruch ergangen ist[109].

Zunächst ist aber zu untersuchen, welche Regelungen in den einzelnen Schiedsordnungen für den Fall der Mehrparteienschiedsgerichtsbarkeit vorgesehen sind.

---

109 *Oswald,* Probleme der Mehrparteienschiedsgerichtsbarkeit, S. 132ff.

II. Regelung in den UNCITRAL - Schiedsregeln und den Tribunal Rules

Die UNCITRAL-SR sehen keinerlei besondere Regelungen für ein Mehrparteienschiedsverfahren vor. Lediglich in den Anmerkungen zu den UNCITRAL-SR heißt es, daß Mehrparteienverfahren möglich sind, ohne hierfür nähere Voraussetzungen zu nennen[110]. Ein Mehrparteienverfahren ist daher nur zulässig, wenn alle Parteien unter die Zuständigkeit des Schiedsgerichts fallen[111]. Wie oben gezeigt, ist dies in der Regel nur der Fall bei gemeinsamem Schiedsvertrag oder nachträglichem freiwilligen Verfahrensbeitritt.

Das Iran-U.S. Claims Tribunal hat eine Vielzahl von Klagen zu bewältigen. Deshalb ist die Gefahr widersprüchlicher Entscheidungen bei im Zusammenhang stehenden Klagen besonders hoch. Um zumindest im Rahmen der Rechtsfindung eine einheitliche Linie zu verfolgen, sehen die Tribunal Rules vor, daß bei Meinungsverschiedenheiten unter den einzelnen Kammern eine Entscheidung des Full Tribunals herbeizuführen ist[112].

Dies beseitigt aber nicht den Nachteil, daß über teilidentische oder identische Streifragen unter den Parteien in getrennten Verfahren aufgrund unterschiedlicher Sachverhaltsermittlungen verschieden geurteilt werden kann, da es wie auch in den UNCITRAL-SR keine Regelung für Mehrparteienverfahren gibt, obwohl solche in der Praxis des Tribunals häufig auftauchen[113]. Eine Bindungswirkung für Tatsachenfeststellungen existiert genauso wenig. Allein durch die Besetzung der einzelnen Kammern und die Zuweisung der verschiedenen Fälle durch den

[110] *Sekolec,* UNCITRAL Notes on Organizing Arbitral Proceedings, YCA 1997 (XXII), S. 474.

[111] *Rauh,* Die UNCITRAL Schieds- und Schlichtungsordnung, S. 92.

[112] siehe oben Einleitung, III.

[113] siehe hierzu z.B. die unten in anderem Zusammenhang besprochenen Entscheidungen, bei denen es sich ebenfalls mehrheitlich um Mehrparteienverfahren handelt, ohne daß dies in den Entscheidungsgründen eine besondere Erwähnung findet.

Präsidenten des Tribunals nach Art. 5 der Tribunal Rules kann versucht werden, eine gewisse einheitliche Linie bei der Entscheidungsfindung in Fällen mit identischen oder teilidentischen Streitfragen herbeizuführen.

Das Problem der Schiedsrichterbenennung bei Mehrparteienverfahren stellt sich im Rahmen des Iran-U.S. Claims Tribunals hingegen nicht. Es gibt keine Schiedsvereinbarung, so daß man nicht verlangen kann, daß alle Verfahrensbeteiligten auch Parteien der Schiedsvereinbarung waren. Vielmehr richtet sich die Zuständigkeit des Tribunals allein nach Art. II CSD. Überdies wirken die Schiedsparteien nicht bei der Besetzung des Tribunals und der Kammern mit. Daher stellt sich die Frage des gleichgewichtigen Einflusses bei der Bestimmung der Schiedsrichter bei Verfahren vor dem Iran-U.S. Claims Tribunal von vornherein nicht.

III. Vergleich mit anderen Schiedsordnungen

1. Schiedsordnung der Zürcher Handelskammer

Die Schiedsordnung der ZHK (ZHK-SO) ist eine der wenigen international verbreiteten Schiedsordnungen, die schon seit längerer Zeit Regelungen für ein Mehrparteienverfahren und die Zusammenlegung konnexer Streitigkeiten vorsieht.

Art. 13 I und Art. 12 III i.V.m. Art. 11 II ZHK-SO bestimmen für Verfahren, an denen mehr als zwei Parteien beteiligt sind, daß der Präsident der Handelskammer den Obmann des Schiedsgerichts ernennt und dieser die weiteren Schiedsrichter aus einer ihm vom Präsidenten der Handelskammer unterbreiteten Liste mit vier oder mehr Namen bezeichnet. Als ungeschriebenes Tatbestandsmerkmal kann ein Mehrparteienverfahren nur bei Vorliegen eines entsprechenden Parteiwillens durchgeführt werden[114].

Diese Vorschriften stehen in Einklang mit der schon mehrfach angesprochenen *Dutco*-Entscheidung, weil sie dafür sorgt, daß alle Parteien eines Mehrparteienschiedsverfahrens bei der Schiedsrichterbestellung gleichbehandelt werden. Denn keine von ihnen hat mehr einen unmittelbaren Einfluß auf die Besetzung des Schiedsgerichts, so daß die Waffengleichheit der Parteien gewahrt ist[115].

Es stellt sich aber die Frage, ob diese Form der Schiedsrichterbestellung, die jeglichen Einfluß der Parteien von vornherein ausschließt, nicht über das Ziel hinausschießt. Zwar hat die Verfahrensweise den Vorteil, daß eine Verzögerung des Ablaufs wegen Streitigkeiten über die Besetzung des Schiedsgerichts ausgeschlossen ist.

---

[114] *Diesselhorst,* Mehrparteienschiedsverfahren, S. 101.

[115] *Oswald,* Probleme der Mehrparteienschiedsgerichtsbarkeit, S. 77.

Andererseits ist zu bedenken, daß ein nicht zu unterschätzender Umstand des Schiedsverfahrens gegenüber einem Prozeß vor einem staatlichen Gericht die Möglichkeit der Einflußnahme durch die Parteien auf die Zusammensetzung des Schiedsgerichts ist. Man sollte diese Möglichkeit nicht von vornherein beschneiden, nur weil mehrere Parteien an einem Verfahren beteiligt sind. Es würde auch ausreichen, wenn man als Regel die jeweils gemeinsame Benennung der Schiedsrichter durch Kläger- und Beklagtenseite aufrechterhält, sofern eine Einigung erzielt werden kann. Nur wenn dies nicht der Fall ist, ist eine Bestimmung durch den Präsidenten der Handelskammer notwendig.

Desweiteren sehen Art. 13f ZHK-SO für konnexe Verfahren nicht nur zweier identischer, sondern auch teilweise identischer Parteien, die Konsolidierung nach Ermessen des Schiedsgerichts vor. Im letztgenannten Fall der Drittbeteiligung kann das Schiedsgericht die Zusammenlegung nur dann beschließen, wenn alle Parteien zustimmen. Die Vereinbarung der ZHK-SO in verschiedenen Schiedsklauseln allein genügt hierfür nicht[116]. Dies ergibt sich auch aus dem in Art. 51 I ZHK-SO angeordneten Gebot der Vertraulichkeit.

Bleibt es deshalb bei getrennten Verfahren, muß sie das Schiedsgericht derart synchronisieren, um nicht durch Offenlegung der Rechtsmeinung im ersten Schiedsspruch einen Ablehnungsgrund für das zweite Verfahren zu provozieren. Wenn sich die Parteien mit diesem Verfahren einverstanden erklären, kann das Schiedsgericht statt der gemeinsamen Verhandlung mit allen Parteien in Art. 29 III ZHK-SO vorgesehen Pre-Trial Conference abhalten, um die gemeinsamen Streitfragen herauszuarbeiten[117]. Fraglich ist in der Praxis aber, ob sich die Parteien auf gemeinsame schiedsrichterliche Vorverhandlungen einigen werden, wenn sie ansonsten ein gemeinsames Verfahren ablehnen.

---

[116] *Laschet*, Die Mehrparteienschiedsgerichtsbarkeit, S. 105.

[117] *Berger*, Internationale Wirtschaftsschiedsgerichtsbarkeit, S. 217f.

2. CIETAC-Schiedsregeln

Nach Art. 24 der CIETAC-Schiedsregeln (CIETAC-SR) setzt sich ein Schiedsgericht aus den von den Parteien bestimmten Schiedsrichtern und einem anschließend von der CIETAC aus der Liste der Schiedsrichter ernannten Schiedsrichter, der als Vorsitzender fungiert, zusammen.

Stehen auf Schiedskläger- oder Schiedsbeklagtenseite mehrere Personen, soll sich nach Art. 27 CIETAC-SR die jeweilige Seite auf einen Schiedsrichter einigen, oder – falls es zu keiner Einigung kommt – soll die Entscheidung durch den Vorsitzenden der CIETAC getroffen werden.

Die CIETAC-SR gewähren also dem Vorsitzenden der CIETAC das Recht zur Auswahl des Parteischiedsrichters für mehrere Streitgenossen, wenn sich die Streitgenossen nicht auf einen gemeinsamen Schiedsrichter einigen. Einer allein auf einer Verfahrensseite stehenden Partei wird dagegen das uneingeschränkte Recht zur Benennung eines eigenen Schiedsrichters belassen.

Obwohl die CIETAC-SR erst im Oktober 2000 neu überarbeitet wurden, blieb die Ungleichbehandlung der verschiedenen Parteien, die bereits in der alten Fassung so geregelt war, erhalten. Nach der oben dargestellten *Dutco*-Entscheidung ist diese Verfahrensweise nur im Fall eines nach Entstehung des Rechtsstreits erklärten Verzicht der Streitgenossen auf ihr Benennungsrecht zulässig[118]. Ansonsten verstößt die einseitige Bestimmung des Schiedsrichters durch die Schiedsgerichtsinstitution gegen den Grundsatz der Gleichbehandlung der Parteien und damit gegen den ordre public.

Die Bestimmungen greifen mit der Pflicht zur Einigung auf einen gemeinsamen Schiedsrichter unzulässig in Parteirechte ein und sind daher abzulehnen. Sinnvoller wäre eine Regelung, die für den Fall der fehlenden Einigung die Benennung der Schiedsrichter durch den Vorsitzenden der CIETAC für Schiedskläger- und Schiedsbeklagtenseite vorsieht. Die

---

[118] *Oswald,* Probleme der Mehrparteienschiedsgerichtsbarkeit, S. 78.

Waffengleichheit wäre damit gewahrt und unnötige Streitigkeiten über die Schiedsrichterbestimmung wären ausgeschlossen.

Eine Zusammenlegung verschiedener Verfahren ist nach den CIETAC-SR nicht vorgesehen.

3. ICC-Schiedsordnung

Die ICC-Schiedsordnung (ICC-SO) sah bis zu ihrer Neufassung im Jahr 1998 die Beteiligung dritter Parteien an Schiedsverfahren nicht vor. Im seit 1981 existierenden „Guide on Multi-party Arbitration" hieß es, daß der ICC-Schiedsgerichtshof nur mit Zustimmung aller beteiligter Parteien ein Mehrparteienverfahren einleiten könne. Dennoch ließ dieser im bereits mehrfach erwähnten *Dutco*-Fall den vermeintlich stillschweigenden Willen der Parteien zu einem solchen Verfahren ausreichen[119]. Diese Praxis hält nach der Entscheidung des Cour de Cassation einer Nachprüfung durch französische Gerichte jedoch nicht mehr stand

Ob ein solchermaßen zustande gekommener Mehrparteienschiedsspruch in Deutschland anerkannt werden kann, ist sehr fraglich. Der BGH hat in einer jüngeren Entscheidung die beträchtliche und unbestrittene Bedeutung der Auswahl der Schiedsrichter für das weitere Verfahren und den daraus folgenden Grundsatz der Gleichbehandlung der Parteien bei der Konstituierung des Schiedsgerichts betont. Ohne sich näher festzulegen, inwieweit mehrere auf einer Seite Beteiligte einem Einigungszwang unterworfen werden dürfen, hält es der BGH jedenfalls für denkbar, die Schiedsrichterbestimmung durch Mehrheitsentscheidung oder durch Ernennung durch eine dritte Instanz vorzunehmen. Allerdings schließt er auch nicht aus, daß mangels vertraglicher Vorsorge in diesem Fall überhaupt kein Schiedsverfahren stattfinden kann[120]. Eine abschließende Entscheidung fehlt in diesem Zusammenhang bislang.

---

[119] *Diesselhorst,* Mehrparteienschiedsverfahren, S. 95.

[120] BGH, Urteil vom 29.03.1996, BB Beilage 15, 1996, S. 18, 21.

Mit Art. 10 wurde in die seit 01. Januar 1998 geltende ICC-SO eine Bestimmung zur Schiedsrichterbenennung in Mehrparteienverfahren aufgenommen. Dieser sieht in Absatz 1 als Grundsatz vor, daß bei mehreren Schiedsklägern und / oder –beklagten diese im Falle der Bildung eines Schiedsgerichts mit drei Schiedsrichtern jeweils gemeinsam einen Schiedsrichter zu benennen haben. Bei fehlender Einigung zur gemeinsamen Benennung kann der Gerichtshof gemäß Absatz 2 alle Schiedsrichter benennen und einen von ihnen als Vorsitzenden bestimmen.

Damit bleibt die ICC-SO grundsätzlich bei der Pflicht zur Benennung eines gemeinsamen Schiedsrichters durch mehrere Kläger oder Beklagte. In der Vereinbarung einer ICC-Standardschiedsklausel liegt daher ein vor Entstehung des Rechtsstreits erklärter Verzicht auf Gleichbehandlung bei der Schiedsrichterbenennung im Mehrparteienverfahren[121].

Dennoch wird Art. 10 ICC-SO dem *Dutco*-Urteil des französischen Kassationshofs gerecht. Er sieht nämlich für den Fall der fehlenden Einigung die Ernennung sämtlicher Schiedsrichter durch den Schiedsgerichtshof vor und gewährleistet so die Gleichbehandlung aller Parteien bei der Einflußnahme auf die Besetzung des Schiedsgerichts. Denn damit ist sichergestellt, daß sich eine Partei faktisch erst nach Entstehung des Rechtsstreits für oder gegen eine gemeinsame Schiedsrichterbenennung entscheiden muß.

Hintergrund dieses Regel-Ausnahme-Verhältnisses ist, daß die Parteien in ICC-Schiedsverfahren im Normalfall kein Problem mit der Bestimmung eines gemeinsamen Schiedsrichters haben und dies sogar vielfach der bevorzugte Weg der Parteien ist[122]. Außerdem hatte der *Dutco*-Fall den besonderen Umstand, daß die verschiedenen Beklagten weder rechtlich noch wirtschaftlich miteinander verbunden waren und verschiedene Interessen verfolgten. In den meisten ICC-Verfahren mit mehreren Parteien

---

[121] *Oswald*, Probleme der Mehrparteienschiedsgerichtsbarkeit, S. 90f.

[122] *Derains/Schwartz*, A Guide to the New ICC Rules of Arbitration, S. 170.

hingegen sind diese miteinander verbunden und haben identische Positionen und Interessen[123].

Sollte dennoch der Ausnahmefall vorliegen, daß sich die Parteien nicht auf einen gemeinsamen Schiedsrichter einigen können, so sieht Art. 10 II ICC-SO in Einklang mit der *Dutco*-Entscheidung die Benennung aller Schiedsrichter durch den Schiedsgerichtshof vor. Zwar wird hierdurch der einzelnen Partei zur Schiedsrichterbestimmung genommen, doch ist dies um der Gleichbehandlung und um der Vermeidung komplizierter Verfahrensregelungen willen in Kauf zu nehmen. Die Meinung, die dem *Dutco*-Urteil nicht nur ein Recht auf Gleichbehandlung bei der Bildung des Schiedsgerichts, sondern zudem ein Recht auf einen eigenen Schiedsrichter entnehmen will[124], ist als zu weitgehend abzulehnen.

4. DIS-Schiedsregeln

Wie bei der ICC-SO wurde auch bei den DIS-Schiedsregeln (DIS-SR) die Überarbeitung im Jahr 1998 zum Anlaß genommen, erstmals eine Regelung für den Fall einer Mehrheit von Parteien auf Kläger- oder Beklagtenseite aufzunehmen. § 13 DIS-SR geht ebenfalls von dem Grundsatz aus, daß mehrere Kläger oder Beklagte jeweils gemeinsam einen Schiedsrichter zu benennen haben.

Kann sich eine Mehrheit von Beklagten nicht innerhalb einer Frist von 30 Tagen auf einen Schiedsrichter einigen, so werden gem. § 13 II DIS-SR vom DIS-Ernennungsausschuß zwei Schiedsrichter ernannt, wobei die von der Klägerseite vorgenommene Benennung gegenstandslos wird. Dem Gleichheitsgrundsatz ist damit Rechnung getragen[125].

---

[123] *Derains/Schwartz,* A Guide to the New ICC Rules of Arbitration, S. 171.

[124] *Schwab,* Die Gleichheit der Parteien bei der Bildung des Schiedsgerichts, BB Beilage 15, 1992, S. 18.

[125] *Bredow,* Die DIS-Schiedsgerichtsordnung 1998, S. 116.

Es fällt allerdings auf, daß im Gegensatz zur ICC-SO in den DIS-SR keine Bestimmung für den Fall getroffen wird, daß sich mehrere Kläger nicht auf einen Schiedsrichter einigen können. Dies wird in der Praxis jedoch keine größeren Probleme aufwerfen, da zwei oder mehrere Personen, die als Kläger in demselben Schiedsverfahren auftreten wollen, immer einen gemeinsamen Schiedsrichter ernennen werden[126].

Abweichend von der ICC-SO sieht § 13 II a.E. DIS-SR vor, daß der Vorsitzende des Schiedsgerichts im Fall der fehlenden Einigung nicht von der Schiedsinstitution, sondern von den beiden für die Parteien benannten Schiedsrichtern bestimmt wird. Dies stellt eine größere Unabhängigkeit, wenn auch nur geringfügig, von der Schiedsinstitution dar.

Außerdem stellt § 13 III DIS-SR klar, daß die Regelung zur Besetzung von Mehrparteienschiedsgerichten nicht automatisch die Zulässigkeit eines Mehrparteienverfahrens bedeutet. Die Entscheidung ist ausdrücklich dem Schiedsgericht zugewiesen.

Nachfolgend ist zu klären, ob die DIS-SR oder eine der anderen angesprochenen Schiedsordnungen als Vorbild für eine Regelung der Mehrparteienschiedsgerichtsbarkeit in den UNCITRAL-SR dienen können.

---

[126] *Schlosser,* Das Recht der internationalen privaten Schiedsgerichtsbarkeit, Rn. 571.

IV. Mehrparteienverfahren im Rahmen der UNCITRAL - Schiedsregeln

Wie bereits dargestellt, gibt es in den UNCITRAL-SR keine Bestimmungen für Mehrparteienschiedsverfahren. Es ist daher zunächst zu überlegen, wie eine solche Regelung aussehen müßte, um insbesondere den Anforderungen der Gleichbehandlung der Parteien bei der Bildung des Schiedsgerichts zu gerecht zu werden. In einem zweiten Schritt ist dann zu prüfen, ob es überhaupt sinnvoll ist, eine Änderung der UNCITRAL-SR in diesem Sinne vorzunehmen oder ob nicht andere Lösungsalternativen geeigneter sind.

Um die Voraussetzungen des *Dutco*-Urteils zu erfüllen, bedarf es einer Bestimmung, die davon ausgeht, daß die Nominierung der Schiedsrichter durch die Schiedsgerichtsinstitution erfolgt, wenn ein Mehrparteienverfahren durchgeführt werden soll. Nur wenn sich alle auf einer Seite stehenden Parteien auf einen Schiedsrichter einigen können, ist die gemeinsame Benennung zuzulassen und auch die Gegenseite kann dann ihren Parteischiedsrichter bestimmen. Damit wäre einerseits ein möglichst großer unmittelbarer Einfluß der Parteien auf die Zusammensetzung des Schiedsgerichts gewährleistet, andererseits der Waffengleichheit der Parteien genüge getan.

Dieser Ansatz geht über die von Art. 13 ZHK-SO geregelten Lösung hinaus, die keinerlei Einflußnahme der Parteien bei der Bildung des Schiedsgerichts in einem Mehrparteienverfahren vorsieht[127]. Art. 10 ICC-SO und § 13 DIS-SR erfüllen hingegen diese Voraussetzungen[128].

Notwendig ist jedoch, im Fall der fehlenden Einigung eine neutrale Stelle einzurichten, die die Schiedsrichterbenennung selbst vornimmt oder zumindest die Benennende Stelle bestimmt. Bei institutionalisierten Schiedsverfahren stellt dies kein Problem dar, da die Schiedsrichter-

[127] siehe hierzu III.1.

[128] siehe hierzu III.3 und III.4.

bestimmung der Schiedsgerichtsorganisation, wie etwa dem Schiedsgerichtshof der ICC, übertragen werden kann.

Anders stellt es sich bei den ad hoc-Schiedsverfahren wie den UNCITRAL-SR dar. Hier ist keine Institution vorgesehen, die diese Aufgabe wahrnehmen kann. Man könnte allenfalls daran denken, damit den Ständigen Schiedsgerichtshof in Den Haag zu betrauen, der schon nach Art. 6 II 2 und 7 II 2 b) UNCITRAL-SR die Benennende Stelle bestimmen kann. Fraglich ist aber, ob der Ständige Schiedsgerichtshof das mit der derzeitigen Ausstattung bewältigen könnte[129].

Überdies wird es als Vorteil des UNCITRAL-Schiedsverfahrens angesehen, daß es nicht von einer Schiedsgerichtsinstitution abhängt, die in irgendeiner Weise Einfuß nehmen kann. Gerade für Staaten der dritten Welt, die ein gewisses Mißtrauen gegenüber Einrichtungen der Industrienationen hegen, ist dies ein entscheidendes Kriterium[130]. Es muß daher versucht werden, die UNCITRAL-SR so weit als möglich privatautonom ausgestaltet zu lassen von Verfahrensweisen freizuhalten, die die Einschaltung einer übergeordneten Institution notwendig machen.

Um dennoch Mehrparteienverfahren im Rahmen der UNCITRAL-SR nicht auszuschließen, ist ein anderer Lösungsweg zweckmäßiger. Dazu treffen die Parteien bereits bei der Abfassung der Schiedsklausel eine detaillierte Vereinbarung für den Fall eines Mehrparteienverfahrens. Für die Gestaltung dieser Klausel kann zwar kein allgemeingültiger Vorschlag unterbreitet werden, da die den Schiedsvereinbarungen zugrundeliegenden Fallgestaltungen sehr vielseitig sind[131].

Sinnvoll ist in jedem Fall, eine Parteiabrede über den Modus der Schiedsrichterbestimmung zu treffen. Hierbei ist zu empfehlen, daß alle Parteien bereits von vornherein namentlich einen bzw. drei Schiedsrichter bestimmen. Eine Einigung hinsichtlich der Person des Schiedsrichters wird

---

[129] siehe hierzu Einleitung III.

[130] siehe hierzu Einleitung II.

[131] *Oswald,* Probleme der Mehrparteienschiedsgerichtsbarkeit, S. 96.

in diesem frühen Stadium leichter zu erzielen sein[132]. Um eine solche Vereinbarung in der Praxis zu fördern, könnte die von der UNCITRAL empfohlene Standardschiedsklausel ausdrücklich für Mehrparteienverfahren um einen entsprechenden Satz erweitert werden[133].

---

[132] *Bartels,* Multiparty Arbitration Clauses, J.Int.Arb. 1982 (2), S.62.

[133] Die von der UNCITRAL empfohlene Standardschiedsklausel lautet: „Jeder Streit, Konflikt oder Anspruch, der sich aus diesem Vertrag ergibt, oder die Verletzung, Beendigung oder Unwirksamkeit desselben, ist durch ein Schiedsverfahren in Übereinstimmung mit den UNCITRAL – Schiedsregeln zu entscheiden." In der Anmerkung dazu heißt es, daß die Parteien die Benennende Stelle, die Zahl der Schiedsrichter, den Ort des Schiedsverfahrens und die Verfahrenssprache ergänzend vereinbaren können. Hier könnte als weitere Ergänzung für Mehrparteienverfahren vorgeschlagen werden: „Die Parteien einigen sich im Fall eines Mehrparteienverfahrens auf ... (Namen des / der Schiedsrichter/s) als Schiedsrichter."

Zweiter Teil: Befangenheit und Ablehnung von Schiedsrichtern

I. Problemstellung

Die Problematik der Befangenheit und Ablehnung von Schiedsrichtern, die eng mit dem Thema des vorangegangenen Kapitels verknüpft ist, wird in nahezu allen Schiedsordnungen behandelt. So sehen etwa Art. 9 und Art. 10 I UNCITRAL-SR vor, daß ein Schiedsrichter alle Umstände bekanntzugeben hat, die geeignet sind, berechtigte Zweifel aufkommen zu lassen, daß er unparteiisch oder unabhängig ist. Als Folge davon kann er von den Parteien abgelehnt werden.

Zwar mögen derartige Fälle in der Schiedsgerichtspraxis allgemein nur selten vorkommen. Dennoch gehört die Regelung dieser Ausnahmesituation zu den grundlegenden Erfordernissen auf dem Gebiet der Schiedsgerichtspraxis[134]. Denn der Schiedsrichter hat, wie auch der staatliche Richter, endgültig über einen Rechtsstreit zu entscheiden[135]. Nicht gesagt ist damit aber, wann tatsächlich ein Befangenheits- und damit ein Ablehnungsgrund bei einem Schiedsrichter vorliegt. Gerade in einem politisch sensiblen Bereich wie dem des Iran-U.S. Claims Tribunals sind konkrete Vorgaben aber unabdingbar, um eine straffe Durchführung der Verfahren gewährleisten zu können.

Auf die für den staatlichen Richter geltenden Grundsätze kann hierbei nicht unreflektiert zurückgegriffen werden. Denn anders als bei einem Gerichtsverfahren können die Parteien regelmäßig bei der Bildung des Schiedsgerichts mitwirken. Die deshalb möglicherweise bestehende geschäftliche oder rechtsberatende Verbindung zwischen einer Partei und dem parteiernannten Schiedsrichter kann so in der staatlichen Justiz nicht auftreten[136]. Andererseits sind selbstverständlich ein direktes finanzielles oder persönliches Interesse genauso wie enge familiäre Bindungen

---

[134] *Redfern / Hunter,* Law and Practice of International Commercial Arbitration, S. 175.
[135] *Adlerstein,* Zur Unabhängigkeit des Schiedsrichters, S. 22.
[136] *Schlosser,* Das Recht der internationalen privaten Schiedsgerichtsbarkeit, Rn. 501.

zwischen Schiedsrichter und Partei ebenso wie bei einem staatlichen Richter als Befangenheitsgründe anerkannt.

In Literatur und Rechtsprechung zu verschiedenen Schiedsordnungen haben sich darüber hinaus verschiedene Kriterien herauskristallisiert, wann ein Schiedsrichter als befangen gilt. Diese werden im folgenden kurz dargestellt.

Zunächst kann das Übergewicht einer Partei bei der Bestellung der Schiedsrichter zu deren Befangenheit führen. Dies ist nicht nur, wie im vorangegangenen Kapitel ausführlich dargestellt, beim Mehrparteienschiedsverfahren denkbar, sondern auch dann, wenn etwa das Ernennungsrecht im Fall der Säumnis der anderen Partei ersatzweise durch die Gegenpartei ausgeübt wird. Allerdings billigen einige nationale Verfahrensordnungen und Gerichte eine solche Verfahrensgestaltung ausdrücklich[137].

Als weiterer Befangenheitsgrund ist anerkannt, daß eine Partei nicht zugleich Schiedsrichter sein kann. Dies mag selbstverständlich sein, bedarf aber deshalb der Erwähnung, weil es Konstellationen geben kann, wo dies nicht auf den ersten Blick eindeutig ist, etwa bei Organmitgliedern oder Gesellschaftern von juristischen Personen[138].

Am häufigsten treten Fälle der fehlenden Unabhängigkeit und Unparteilichkeit von Schiedsrichtern auf, wenn es zu Kontakten einer Partei und einem Schiedsrichter außerhalb eines laufenden Schiedsverfahrens kommt. Eindeutig ist dies dann, wenn sich die Kontaktaufnahme auf den Streitgegenstand selbst bezieht. Schwieriger wird die Abgrenzung dann, wenn es sich um verschachtelte Geschäftsbeziehungen handelt[139].

---

[137] *Rauh,* Die Schieds- und Schlichtungsordnungen der UNCITRAL, S. 33f.

[138] *Adlerstein,* Zur Unabhängigkeit des Schiedsrichters, S. 31.

[139] *Schlosser,* Das Recht der internationalen privaten Schiedsgerichtsbarkeit, Rn. 509.

Ebenfalls problematisch sind frühere Kontakte zwischen Schiedsrichter und einer der Parteien aus der Zeit vor Beginn des Schiedsverfahrens. Auch das Iran-U.S. Claims Tribunal hatte sich mit einigen solchen Fällen zu befassen[140]. Diese sind deshalb nicht selten, weil die Parteien bei der Mitwirkung an der Zusammensetzung des Schiedsgerichts natürlich versuchen, ihnen aus vorangegangenen Kontakten bekannte Personen als Schiedsrichter zu benennen. Hierzu ist vieles umstritten. Einen Befangenheitsgrund stellen vorangegangene Kontakte nach allgemeiner Meinung jedenfalls dann dar, wenn sie sich auf den Gegenstand des jetzigen Schiedsverfahrens bezogen, etwa bei Abgabe eines Privatgutachtens in dieser Sache. Ebenso soll ein besonders intensiver Kontakt, etwa in einem Angestelltenverhältnis, ausreichen[141].

Schließlich können auch geschäftliche Beziehungen zwischen Schiedsrichtern und Parteien nach Fällung des Schiedsspruchs ein Indiz für die Befangenheit schon während des Schiedsverfahrens sein[142]. Hier wird es aber ganz besonders auf die Umstände des Einzelfalles ankommen.

Es darf jedoch nicht aus den Augen verloren werden, daß ein Schiedsrichter regelmäßig von einer Partei benannt wird und nicht schon deshalb als parteiisch gelten kann. Vielmehr müssen, wie eben gezeigt, besondere Umstände hinzutreten, um ihm die fehlende Neutralität absprechen zu können.

Interessant ist es deshalb zu sehen, wie insbesondere das Iran-U.S. Claims Tribunal in politisch sensiblem Umfeld diesen Balanceakt bislang gemeistert hat. Zuvor ist aber darzustellen, inwieweit in den UNCITRAL-SR selbst die Regelung über die Befangenheit und Ablehnung von Schiedsrichtern erfolgt ist, um anschließend zu überprüfen, ob sich diese Regeln in der Praxis bewährt haben.

---

[140] hierzu ausführlich unter III.

[141] *Schlosser*, Die Unparteilichkeit des Schiedsrichteramtes, ZZP1980, S. 129.

[142] *Schlosser*, Das Recht der internationalen privaten Schiedsgerichtsbarkeit, Rn. 515.

II. Regelung in den UNCITRAL - Schiedsregeln

1. Befangenheit und Ablehnung des Schiedsrichters

Gemäß Art. 9 UNCITRAL-SR hat ein vorgesehener Schiedsrichter denjenigen, die im Zusammenhang mit seiner möglichen Bestellung an ihn herangetreten sind, alle Umstände bekanntzugeben, die geeignet sind, berechtigte Zweifel aufkommen zu lassen, daß er unparteiisch oder unabhängig ist. Auch für Umstände, die erst nach seiner Bestellung entstanden sind, bleibt die Mitteilungspflicht bestehen.

Diese Regelung bürdet dem Schiedsrichter eine breite Offenbarungspflicht auf, denn er muß alle Umstände offenlegen, die „wahrscheinlich" zu berechtigten Zweifeln an seiner Unvoreingenommenheit führen[143]. Grund dafür ist, daß niemand besser als der Schiedsrichter selbst diese Gründe kennt. Er soll sie deshalb zu einem frühestmöglichen Zeitpunkt denjenigen mitteilen, die an ihn herantreten[144]. Auch nach seiner Benennung bleibt diese Informationspflicht gegenüber beiden Parteien bestehen.

An dieser Vorschrift wird kritisiert, daß unklar ist, welche Sanktion daraus folgt, wenn ein vorgesehener, aber noch nicht bestimmter Schiedsrichter seiner Offenbarungspflicht nicht genügt[145]. Vor seiner Benennung kommt ein Befangenheitsantrag durch die Parteien nicht in Frage[146]. Vielmehr wird vorgeschlagen, daß die Parteien die Benennung dieses Schiedsrichters später wegen arglistiger Täuschung anfechten können. Dies soll sogar dann möglich sein, wenn sich im Ergebnis herausstellen sollte, daß die vom Schiedsrichter pflichtwidrig nicht offenbarten Umstände schließlich doch nicht zur Begründung seiner Befangenheit ausreichen[147]. Ob diese Lösung

---

[143] im englischen Originaltext heißt es: „...any circumstances likely to give rise to justifiable doubts...".

[144] *Hof,* Commentary on the UNCITRAL Arbitration Rules, S. 58.

[145] *Aden,* Internationale Handelsschiedsgerichtsbarkeit, S. 223.

[146] *Sanders,* Commentary on UNCITRAL Arbitration Rules, YCA 1977 (II), S. 188.

[147] *Aden,* a.a.O., S. 224.

sinnvoll ist, wird nach Erörterung der Regelungen in anderen Schiedsordnungen noch zu diskutieren sein[148].

Nach seiner Benennung kann jeder Schiedsrichter gem. Art. 10 I UNCITRAL-SR abgelehnt werden, wenn Umstände vorliegen, die Anlaß zu berechtigten Zweifeln geben, daß er unparteiisch oder unabhängig ist. Allerdings kann eine Partei nach Art. 10 II UNCITRAL-SR den von ihr bestellten Schiedsrichter nur aus Gründen ablehnen, von denen sie erst nach der Bestellung Kenntnis erhalten hat.

Eine Schiedsrichterablehnung durch eine der Parteien hat also dieselben Voraussetzungen wie die Offenbarungspflicht des Schiedsrichters. Der Sinn der Ausnahme im zweiten Absatz liegt auf der Hand. Eine Partei, die die Umstände kennt, die an der Unvoreingenommenheit des von ihr gewählten Schiedsrichters kennt, und diesen dennoch benennt, muß sich den Vorwurf widersprüchlichen Verhaltens gefallen lassen, wenn sie diesen Schiedsrichter plötzlich wegen der bekannten Umstände ablehnt[149].

Art. 10 UNCITRAL-SR in der bestehenden Form weicht stark von den ursprünglichen Entwürfen der Schiedsregeln ab. Diese erlaubten zum einen jeder Partei, einen Schiedsrichter abzulehnen, unabhängig davon, wer ihn benannt hatte. Zum anderen wurden die Ablehnungsgründe in einem eigenen Absatz ausführlich dargestellt. Danach sollte eine Ablehnung explizit möglich sein, wenn ein Schiedsrichter ein finanzielles oder persönliches Interesse am Ausgang eines Schiedsverfahren hat oder vergangene oder gegenwärtige geschäftliche oder familiäre Beziehungen zu einer der Parteien bestehen[150].

Damit wäre einer Ablehnung aber Tür und Tor geöffnet gewesen, denn es entspricht ja gerade dem Normalfall, daß eine Partei einen Schiedsrichter benennt, den sie kennt und mit dem sie unter Umständen schon früher

[148] siehe V.
[149] *Sanders,* Commentary on UNCITRAL Arbitration Rules, YCA 1977 (II), S. 189.
[150] *Hof,* Commentary on the UNCITRAL Arbitration Rules, S. 63.

zusammengearbeitet hat[151]. Die Möglichkeit eines parteiernannten Schiedsrichters wäre nahezu ausgeschlossen gewesen.

Auch der Vorschlag, absolute und relative Ablehnungsgründe aufzuzählen, wurde als unpraktikabel abgelehnt. Vielmehr war man sich darüber einig, daß jedes persönliche oder finanzielle Interesse eines Schiedsrichters am Ausgang des Schiedsverfahrens grundsätzlich einen Ablehnungsgrund darstellt, es aber immer auf die Umstände des Einzelfalles ankommt[152]. Deshalb hielt man letztlich die Generalklausel in Art. 10 I UNCITRAL-SR für ausreichend und überließ es dem jeweiligen Schiedsgericht bzw. der Benennenden Stelle, sie zu konkretisieren. Einigkeit herrscht jedenfalls darüber, daß die Staatsangehörigkeit eines Schiedsrichters keinen Ablehnungsgrund bilden kann[153].

2. Verfahren der Ablehnung und Neubestellung

In den Art. 11 und 12 UNCITRAL-SR ist das Ablehnungsverfahren geregelt. Nach Art. 11 I UNCITRAL-SR hat eine Partei 15 Tage nach Bekanntgabe der Schiedsrichterbestellung den Schiedsrichter abzulehnen. Falls eine Partei erst später von dem Befangenheitsgrund erfährt, so hat sie die Ablehnung innerhalb von 15 Tagen nach Kenntniserlangung zu erklären.

Diese kurze Frist soll die Verzögerung minimieren, die sonst durch das Ablehnungsverfahren entstehen könnte[154]. Allerdings ist unklar, welche Sanktion aus einer Fristüberschreitung folgt. Es wird vertreten, daß eine Präklusion ausscheiden soll, weil das Ablehnungsrecht von grundsätzlicher rechtsstaatlicher Bedeutung sei[155]. Zu prüfen wird sein, wie andere

---

[151] *Dore,* Arbitration and Conciliation under the UNCITRAL Rules, S. 52.

[152] *Hof,* Commentary on the UNCITRAL Arbitration Rules, S. 63.

[153] *Schwab/Walter,* Schiedsgerichtsbarkeit, S. 449.

[154] *Dore,* The UNCITRAL Framework for Arbitration, S. 15.

[155] *Aden,* Internationale Handelsschiedsgerichtsbarkeit, S. 225.

Schiedsordnungen mit diesem Problem umgehen, um daraus einen Lösungsvorschlag zu erarbeiten[156].

Desweiteren stellt sich die Frage nach dem Verhältnis dieser Regelung zum anwendbaren nationalen Recht. Nach Art. 1 II UNCITRAL-SR gehen zwingende Vorschriften des anwendbaren nationalen Rechts den UNCITRAL-SR vor. Einige nationale Verfahrensvorschriften sehen aber vor, daß ein Befangenheitsantrag gegen einen Schiedsrichter ausschließlich vor einem staatlichen Gericht gestellt werden kann. Deshalb wurde in den Diskussionen über die ersten Entwürfe der UNCITRAL-SR vorgeschlagen, diese Verfahrensregelungen ganz zu streichen[157].

Durchgesetzt hat sich aber die Ansicht, die solche Regelungen dennoch nicht für überflüssig hält. Danach soll eine Partei erst das vereinbarte Ablehnungsverfahren durchführen und nur bei Unzufriedenheit über das Ergebnis auf das nationale Gericht zurückgreifen. Hierdurch würden weder die staatlichen Gerichte ausgeschlossen werden noch die Einigung der Parteien über ein bestimmtes Prozedere unberücksichtigt bleiben[158].

Art. 11 II UNCITRAL-SR sieht vor, daß die Ablehnung der anderen Partei und allen Schiedsrichtern in schriftlicher Form und unter Angabe der Gründe bekanntzugeben ist. Dies hat neben einer Nachweisfunktion den Sinn, daß die andere Partei die Frage ihrer Zustimmung zur Ablehnung besser beurteilen kann und auch der Schiedsrichter eine Entscheidungsgrundlage dafür hat, ob er im Amt bleiben will oder nicht[159].

Denn gem. Art. 11 III UNCITRAL-SR kann die andere Partei der Ablehnung zustimmen. Alternativ dazu kann der abgelehnte Schiedsrichter auch freiwillig zurücktreten. Im ersten Fall kann sich die Frage stellen, wer für das bis zur Abberufung verdiente Honorar des Schiedsrichters aufkommen muß. Es wird vertreten, daß hierdurch ein Abberufungsvertrag

---

[156] siehe hierzu V.

[157] *Hof*, Commentary on the UNCITRAL Arbitration Rules, S. 81.

[158] *Sanders*, Commentary on UNCITRAL Arbitration Rules, YCA 1977 (II), S. 189.

[159] *Hof*, a.a.O., S. 82.

zwischen den Parteien zustande käme, so daß auch beide für dieses Honorar haftbar wären[160].

Diese Ansicht ist abzulehnen, weil sie von einer bloßen Fiktion des Parteiwillens ausgeht, der so sicherlich nicht mit der Ablehnung oder Zustimmung hierzu verbunden ist. Vielmehr fällt es bei einem parteiernannten Schiedsrichter allein in den Verantwortungsbereich derjenigen Partei, die sich einen Schiedsrichter aussucht, ob bei diesem Befangenheitsgründe existieren oder nicht. Im übrigen ist ohnehin zweifelhaft, ob ein Schiedsrichter, der seiner Pflicht zur Aufdeckung möglicher Ablehnungsgründe nicht nachgekommen ist, überhaupt einen Honoraranspruch haben soll.

Klargestellt wird in Art. 11 III 2 UNCITRAL-SR, daß in keinem der in S.1 genannten Fälle dies die Anerkennung der Ablehnungsgründe dargestellt. Auch Art. 11 III 3 UNCITRAL-SR hat lediglich deklaratorische Funktion. Darin heißt es, daß in jedem Fall das Ernennungsverfahren für die Bestellung des Ersatzschiedsrichters gem. Art. 6 und 7 UNCITRAL-SR von vorne beginnt, selbst wenn eine Partei ihr ursprüngliches Recht, den abgelehnten Schiedsrichter zu bestellen oder bei seiner Bestellung mitzuwirken, nicht ausgeübt hat.

In Art. 12 I UNCITRAL-SR ist der Grundsatz verankert, daß nach fehlender Zustimmung oder freiwilligem Rücktritt des Schiedsrichters nur eine von den Parteien unabhängige Instanz über die Berechtigung eines Ablehnungsantrags entscheiden kann[161]. Deshalb sieht die Regelung vor, daß unabhängig von der Art der Bestellung in jedem Fall die Benennende Stelle, ggf. nach Bestimmung gem. Art. 6 UNCITRAL-SR, über die Ablehnung entscheidet. Dies soll also auch dann gelten, wenn die Benennende Stelle selbst zuvor diesen Schiedsrichter benannt hat. Unabhängig von der Zeitersparnis bestehen hiergegen auch deswegen keine Bedenken, weil Schiedsgerichtsorganisationen und Benennende Stellen

---

[160] *Aden,* Internationale Handelsschiedsgerichtsbarkeit, S. 225.

[161] *Aden,* a.a.O., S. 226.

erfahrungsgemäß sehr großen Wert auf ihren Ruf als unabhängige und unparteiische Institutionen legen[162].

Eine Entscheidung eines staatlichen Gerichts ist also nicht vorgesehen. Verlangt das anwendbare nationale Recht aber ein Verfahren vor einem staatlichen Gericht, so wird dieses durch die Schiedsordnung nicht ausgeschlossen[163].

Art. 12 II UNCITRAL-SR schließlich verweist wie Art. 11 III 3 UNCITRAL-SR für die Bestellung des Ersatzschiedsrichters auf Art. 6 bis 9 UNCITRAL-SR. Um jedoch Zeitverzögerungen zu vermeiden, entfällt die erneute Bestimmung einer gegebenenfalls notwendigen Benennenden Stelle. Vielmehr bleibt die Benennende Stelle zuständig, die schon über die Ablehnung entschieden hat. Dies hat auch den Vorteil, daß nicht eine neue Institution zu entscheiden hat, die nicht mit den Parteien und den Umständen der Ablehnung des ursprünglichen Schiedsrichters vertraut ist[164].

---

162 *Hof,* Commentary on the UNCITRAL Arbitration Rules, S. 87.

163 *Schwab/Walter,* Schiedsgerichtsbarkeit, S. 449.

164 *Dore,* Arbitration and Conciliation under the UNCITRAL Rules, S. 53.

III. Regeln und Praxis des Iran-U.S. Claims Tribunals

1. Die Regeln des Tribunals

Wie bereits erwähnt, wurden die UNCITRAL-SR für die besonderen Erfordernisse des Iran-U.S. Claims Tribunals an einigen Stellen modifiziert[165]. Dies betrifft teilweise auch die Vorschriften über die Befangenheit und Ablehnung von Schiedsrichtern.

So wurde Art. 9 UNCITRAL-SR für den Fall erweitert, daß ein Schiedsrichter vor seiner Berufung davon Kenntnis erlangt, daß irgendein Verfahren vor dem Tribunal Umstände beinhaltet, die an seiner Unparteilichkeit oder Unabhängigkeit zweifeln lassen würden. Er hat dies dann dem Präsidenten des Tribunals mitzuteilen, der die Parteien davon informiert und gegebenenfalls den Schiedsrichter von diesem speziellen Verfahren ausschließt.

Dieser Zusatz wird verständlich, wenn man sich vor Augen hält, mit wie vielen Fällen das Tribunal beschäftigt ist. Sonst würden einige qualifizierte Schiedsrichter von allen Verfahren ausgeschlossen sein, nur weil eine engere Beziehung zu einem einzelnen Fall besteht. Es ist daher wichtig zu unterscheiden, ob nur für einen speziellen Fall oder aber generell ein Befangenheitsgrund vorliegt[166].

Anzumerken ist, daß eine generelle Ablehnung von Mitgliedern des Tribunals nur durch die beiden Regierungen erfolgen kann, während die jeweiligen Schiedsparteien einen Schiedsrichter nur für ein bestimmtes Verfahren ablehnen können.

Art. 10 bis 12 UNCITRAL-SR blieben hingegen unverändert. Nur in den Anmerkungen wurden die Regeln konkretisiert. So beginnt die Frist in Art. 11 I UNCITRAL-SR nach Bekanntgabe der Kammer, auf die das Schiedsverfahren übertragen wurde. Der freiwillige Rückzug eines

---

165 siehe Einleitung III.

166 *Hof,* Commentary on the UNCITRAL Arbitration Rules, S. 59.

Schiedsrichters aus einem Verfahren führt nicht dazu, daß er auch aus anderen Verfahren ausscheiden muß. Bei Ausscheiden eines Schiedsrichters überträgt der Präsident den Fall auf eine andere Kammer. Nur falls ein Mitglied des Full Tribunals abgelehnt wird, muß ein Ersatzschiedsrichter nach den Regeln der Schiedsrichterbestellung in der CSD bestimmt werden.

2. Aus der Praxis des Tribunals

Wie aufgrund des sensiblen politischen Umfelds zu vermuten ist, hat die Ablehnung von Schiedsrichtern in der Praxis des Iran-U.S. Claims Tribunals bereits eine erhebliche Rolle gespielt. Von den neun Schiedsrichtern, aus denen sich das Tribunal zusammensetzt - wobei im Laufe der Jahre seit 1981 die Personen wechselten - wurden bisher gegen fünf Schiedsrichter Ablehnungsverfahren angestrengt[167].

Das erste Ablehnungsgesuch im Jahr 1982 betraf den schwedischen Schiedsrichter *Mangard.* Der Iran begründete die Ablehnung mit einer angeblichen Äußerung *Mangards,* aus der eine anti-iranische Haltung zu schließen sei. Vor dem Full Tribunal war der Vertreter des Irans der Auffassung, als souveränem Staat stehe dem Iran das Recht zu, jeden Schiedsrichter einseitig zu disqualifizieren und aus dem Amt entfernen zu können. Die UNCITRAL-SR seien insoweit nicht anwendbar. Diese Ansicht wurde jedoch von der Mehrheit des Tribunals nicht geteilt und der Iran wurde auf das Ablehnungsverfahren nach Art. 10-12 UNCITRAL-SR verwiesen[168].

Die danach gem. Art. 12 UNCITRAL-SR zur Entscheidung zuständige Benennende Stelle, für die im Rahmen des Tribunals der Präsident des höchsten niederländischen Gerichts, *Charles Moons* eingesetzt wurde,

---

[167] *Böckstiegel,* Erfahrungen als Schiedsrichter mit der UNCITRAL-Schiedsgerichtsordnung, JdS 1990 (IV), S. 19.

[168] Judge N. Mangard, Full Tribunal Challenge Decision 15.01.1982, Iran-U.S. CTR 1982 (1), S. 111.

hörte zunächst beide Parteien an. Anschließend wurde das Ablehnungsgesuch mit der Begründung zurückgewiesen, daß den Parteien kein einseitiges, über die UNCITRAL-SR hinaus bestehendes Recht auf Disqualifizierung eines Schiedsrichters zustehe. Vielmehr habe es der Iran versäumt, eine den Anforderungen von Art. 11 UNCITRAL-SR entsprechende Darstellung der Umstände vorzulegen, die Zweifel an der Unparteilichkeit und Unabhängigkeit des Schiedsrichters wecken könnte. Eine solche Darstellung sei aber notwendig, um der anderen Partei, dem betroffenen Schiedsrichter und der Benennenden Stelle eine hinreichende Beurteilungsgrundlage zu geben[169].

Den zweiten und dritten Ablehnungsantrag reichten die USA 1984 ein, um die iranischen Schiedsrichter *Kashani* und *Shafeiei* abzusetzen. Diese waren gegen den eben erwähnten Schiedsrichter *Mangard* handgreiflich geworden und hatten deutlich gemacht, daß sie ihm auch weiterhin den Zutritt zu den Räumlichkeiten des Tribunals verwehren würden[170]. Dieses Vorkommnis führte sogar zu einer vorübergehenden Unterbrechung der Tätigkeit des Tribunals.

Hier handelt es sich also um Ablehnungen, die ohne direkten Bezug zu einem konkreten, dem Schiedsgerichtshof vorgelegten Fall stehen[171]. Da die beiden iranischen Schiedsrichter aber schließlich selbst zurücktraten und vom Iran durch zwei neue Schiedsrichter ersetzt wurden, kam es zu keiner Entscheidung[172].

In diesem Zusammenhang ist zu erwähnen, daß der iranische Schiedsrichter *Kashani* im Laufe des Verfahrens die Unparteilichkeit der Benennenden Stelle bezweifelt hatte. Eine Ablehnungsmöglichkeit der Benennenden Stelle ist in den Tribunal Rules zwar nicht vorgesehen.

---

169 Judge N. Mangard, Decision of Dr. Moons 05.03.1982, Iran-U.S. CTR 1982 (1), S. 509.

170 Judges Kashani and Shafeiei, Challenge Request 17.09.1984, Iran-U.S. CTR 1984 (7), S. 289.

171 *Maiwald,* Das Iran-U.S. Claims Tribunal, S. 36.

172 *Böckstiegel,* Erfahrungen als Schiedsrichter mit der UNCITRAL-Schiedsordnung, JdS 1990 (IV), S. 20.

Allerdings wird der Präsident des Ständigen Schiedsgerichtshofs bei Zweifeln an der Unparteilichkeit einer Benennenden Stelle diese durch eine andere ersetzen müssen, um den Verdacht der Benachteiligung einer Partei abzuwehren[173].

Das vierte Ablehnungsverfahren betraf wiederum einen der Schiedsrichter aus einem Drittstaat, nämlich den schweizerischen Schiedsrichter *Briner*. Insgesamt gab es von Seiten des Iran sogar drei Versuche, ihn abzulehnen. Im ersten Fall begründete der Iran seinen Antrag damit, daß *Briner* in seiner früheren Anwaltstätigkeit geschäftliche Beziehungen zur schweizerischen Tochtergesellschaft der Wirtschaftsprüfungsgesellschaft Morgan Stanley New York unterhalten habe, die von einer Partei in einem Verfahren, in dem *Briner* Schiedsrichter war, als Sachverständige genutzt wurde. Er habe diese Beziehung auch nicht offengelegt[174].

Es ging also um die Frage, ob geschäftliche Beziehungen eines Schiedsrichters zu einem Parteigutachter den Verdacht der Befangenheit begründen. Außerdem war eine Besonderheit des Falls, daß der Ablehnungsantrag erst ein Jahr nach Abschluß der mündlichen Verhandlung und kurz vor Abschluß der Beratungen der Kammer gestellt wurde. Es war daher fraglich, ob die Frist des Art. 11 I UNCITRAL-SR gewahrt wurde. Zu einer Entscheidung kam es jedoch wiederum nicht, da sich *Briner* aus eigenem Entschluß von dem Verfahren zurückzog[175].

Der zweite Versuch des Irans, *Briner* als Schiedsrichter abzulehnen, fand im Jahr 1989 statt, nachdem er mittlerweile von der Benennenden Stelle zum Präsidenten des Tribunals bestellt worden war. Anders als zuvor berief sich der Iran nicht auf ein konkretes Verfahren, sondern nahm dies nur zum Anlaß, um seine generelle Ablehnung *Briners* im Hinblick auf alle seine Funktionen, sowohl allgemein als Schiedsrichter als auch als Präsident zu

---

[173] *Maiwald*, Das Iran-U.S. Claims Tribunal, S. 36.

[174] Letter Iranian Agent to Moons, Iran-U.S. CTR 1988 (20), S. 181.

[175] *Böckstiegel*, Erfahrungen als Schiedsrichter mit der UNCITRAL-Schiedsordnung, JdS 1990 (IV), S. 20.

begründen[176]. Es war also weniger eine Schiedspartei als die Regierung des Irans selbst, die die Ablehnung wollte[177].

In seiner Begründung machte der Iran vor allem geltend, daß sich aus der von dem Schiedsrichter durchgeführten Art der Beratung innerhalb des Schiedsgerichts bei mehreren Schiedsverfahren und den gefällten Schiedssprüchen dessen Voreingenommenheit ergebe. So habe er in einem Verfahren die Gegenmeinung des iranischen Schiedsrichters damit abgeblockt, daß er ansonsten die Schadenshöhe höher ansetzen würde[178].

Wiederum stand die Frage der Fristeinhaltung nach Art. 11 I UNCITRAL-SR im Raum. Außerdem ließ der Präsident des Ständigen Schiedsgerichtshofs durchblicken, daß die bloße Behauptung von Fehlern bei der Urteilsfindung noch nicht dafür ausreicht, die Unabhängigkeit oder Unparteilichkeit eines Schiedsrichters anzunehmen. Es müßten vielmehr schwere Verfehlungen vorliegen, die zu ernsthaften Zweifeln an der Unvoreingenommenheit führen könnten[179]. Letztlich kam es aber wiederum nicht zu einer Entscheidung über das Ablehnungsgesuch, da die Parteien den Rechtsstreit durch einen Vergleich beendeten[180].

Den letzen Versuch, *Briner* abzulehnen, begründete der Iran ebenfalls nicht mit dem Verhalten in einem bestimmten Verfahren, sondern mit der angeblichen Verwicklung des Schiedsrichters in einen Geldwäscheskandal in Indien und den damit verbundenen Zweifeln an der Integrität *Briners* bezüglich finanzieller Angelegenheiten[181]. Dieses Gesuch wurde von der Benennenden Stelle als unbegründet abgewiesen. Aus einer möglichen, höchstwahrscheinlich gutgläubigen Verletzung der indischen Devisenbestimmungen in der Vergangenheit könne ohne weitere Umstände

---

176 Letter Iran to Moons, Iran-U.S. CTR 1989 (21), S. 318.

177 *Hof,* Commentary on the UNCITRAL Arbitration Rules, S. 73.

178 Decision Appointing Authority Moons, Iran-U.S. CTR (21), 1989, S. 384.

179 a.a.O. (Fn. 178), S. 391.

180 *Böckstiegel,* Erfahrungen als Schiedsrichter mit der UNCITRAL-Schiedsgerichtsordnung, JdS 1990 (IV), S. 20.

181 Letter of Iranian Agent to Moons, Iran-U.S. CTR (21), 1989, S. 380.

nicht auf eine Unvoreingenommenheit *Briners* in einem laufenden Verfahren geschlossen werden[182].

Das letzte bislang veröffentlichte Ablehnungsgesuch betraf den iranischen Schiedsrichter *Noori.* Diesem wurde von einer amerikanischen privaten Partei vorgeworfen, mit einer iranischen Partei früher enge Verbindungen unterhalten zu haben, da er in deren Muttergesellschaft als Chefsyndikus tätig gewesen sei[183].

Auch diesen Antrag lehnte die Benennende Stelle ab. Dabei wurde für wesentlich gehalten, daß der Schiedsrichter dort nicht dauerhaft beschäftigt war und lediglich mit nationalen Rechtsangelegenheiten zu tun hatte. Außerdem sei Beklagter nicht die Muttergesellschaft. Diese habe ihren Einfluß auf die Partei erst ausgebaut, als *Noori* dort nicht mehr arbeitete[184].

Bislang liegt also keine Entscheidung der Benennenden Stelle vor, bei der ein Gesuch zur Ablehnung eines Schiedsrichters Erfolg gehabt hätte.

---

[182] Decision Appointing Authority Moons, Iran-U.S. CTR (21), 1989, S. 386.

[183] *Böckstiegel,* Erfahrungen als Schiedsrichter mit der UNCITRAL-Schiedsgerichtsordnung, JdS 1990 (IV), S. 20.

[184] *Hof,* Commentary on the UNCITRAL Arbitration Rules, S. 77.

IV. Vergleich mit anderen Schiedsordnungen

Insbesondere in den jüngsten Neufassungen einiger Schiedsordnungen sind Vorschriften aufgenommen worden, die unnötige Auseinandersetzungen über die Unabhängigkeit eines Schiedsrichters vermeiden sollen. Es wird zu prüfen sein, ob gerade aus den vorher beschriebenen Erfahrungen des Iran-U.S. Claims Tribunals zu schließen ist, durch solche Regelungen auch die UNCITRAL-SR zu ergänzen.

1. DIS-Schiedsregeln

Nach § 16 I DIS-SR muß jeder von den Parteien oder dem DIS-Ernennungsausschuß benannte Schiedsrichter nicht nur eine Annahmeerklärung, sondern auch ausdrücklich eine Erklärung zur Erfüllung der von den Parteien vereinbarten Voraussetzungen abgeben. Darin hat er alle Umstände offen zu legen, die Zweifel an seiner Unparteilichkeit oder Unabhängigkeit wecken könnten.

Auch das weitere Verfahren zur Konstituierung des Schiedsgerichts ist in der aktuellen Fassung ausführlicher geregelt worden als in der von 1992[185]. Soweit sich aus obiger Erklärung kein Umstand ergibt, der Zweifel an der Unparteilichkeit oder Unabhängigkeit oder der Erfüllung vereinbarter Voraussetzungen für das Schiedsrichteramt wecken könnte, oder keine der Parteien der Bestellung des betroffenen Schiedsrichters innerhalb einer gem. § 16 II DIS-SR von der DIS gesetzten Frist widersprochen hat, so kann der benannte Schiedsrichter durch den DIS-Generalsekretär gem. § 17 I DIS-SR bestellt werden. In anderen Fällen entscheidet gem. § 17 II DIS-SR der DIS-Ernennungsausschuß über die Bestellung.

Über die Ablehnung eines bestellten Schiedsrichters entscheidet nicht eine dritte Institution, sondern nach § 18 II 3 DIS-SR das Schiedsgerichts selbst, soweit die Parteien nichts anderes vereinbart haben. Wird dem

---

[185] *Bredow,* Die DIS-Schiedsgerichtsordnung 1998, S. 116.

Ablehnungsantrag dort nicht stattgegeben, so ist – abhängig vom Recht des Landes, in dem das Schiedsverfahren stattfindet – die Anrufung des staatlichen Gerichts möglich[186]. Gem. § 1037 III ZPO ist in Deutschland die endgültige Entscheidung in diesem Fall zwingend dem staatlichen deutschen Gericht vorbehalten.

Schließlich erfolgt nach § 18 III 2 DIS-SR die Ersetzung eines abgelehnten Schiedsrichters nach den Regeln, die für die ursprüngliche Benennung und Bestellung des abgelehnten Schiedsrichters gegolten haben, also nach den §§ 12 bis 17 DIS-SR.

2. ICC-Schiedsordnung

Ablehnungsgesuche werden in ICC-Schiedsverfahren nur sehr selten gestellt und sind fast immer erfolglos. Von den durchschnittlich zwölf Schiedsrichterablehnungen pro Jahr führten von 1988 bis 1994 insgesamt zehn zum Erfolg[187].

Zu einer weiteren Verringerung dürfte die durch die Neufassung im Jahr 1998 eingeführte Regelung zur Offenlegung von Umständen, die Zweifel an der Unabhängigkeit des Schiedsrichters wecken können, führen. Nach Art. 7 II ICC-SO hat jeder vorgeschlagene Schiedsrichter vor seiner Ernennung eine Erklärung bezüglich seiner Unabhängigkeit zu unterzeichen, die unter anderem seinen beruflichen Werdegang und seine Erfahrungen als Schiedsrichter enthält.

Ihren Ablehnungsantrag hat eine Partei gem. Art. 11 II ICC-SO binnen dreißig Tagen ab Mitteilung der Ernennung oder, falls dieser Zeitpunkt später ist, ab Kenntnis von den Befangenheitsgründen zu stellen. Durch die vorherige Offenlegungspflicht des Schiedsrichters, die sehr strikt

[186] *Bredow,* Die DIS-Schiedsgerichtsordnung 1998, S. 117.
[187] *Derains/Schwartz,* A Guide to the New ICC Rules of Arbitration, S. 174.

gehandhabt wird, sind die Ablehnungsmöglichkeiten schon wegen des drohenden Fristablaufs zeitlich stark eingeschränkt[188].

Über die Zulässigkeit und Begründetheit eines Antrags entscheidet nicht, wie etwa in den DIS-SR vorgesehen, das Schiedsgericht, sondern der Schiedsgerichtshof. Hieran wurde im Rahmen der alten Fassung kritisiert, daß das vom Schiedsgerichtshof hierzu durchgeführte Verfahren oft undurchschaubar war und die Entscheidungsgründe nicht bekannt gegeben wurden[189]. Dies hat sich mittlerweile geändert, da Art. 11 III ICC-SO die Übermittlung der jeweiligen Stellungnahmen vorsieht und damit eine größere Transparenz herbeiführt. Außerdem wird die Zuständigkeit des neutralen Schiedsgerichtshofs und nicht der übrigen Schiedsrichter als Gewähr für eine objektive Entscheidungsfindung angesehen[190].

Bei der Regelung der Ersetzung von Schiedsrichtern in Art. 12 I ICC-SO ist neben der Enthebung durch den Schiedsgerichtshof die Befugnis der Parteien zur jederzeitigen Abberufung eines Schiedsrichters aufgenommen. Diese Möglichkeit, die in den UNCITRAL-SR schon seit jeher vorgesehen ist, gilt als Stärkung der Privatautonomie der Parteien[191].

Allerdings ist auch neu, daß der Schiedsgerichtshof gem. Art. 12 IV ICC-SO bei einer von ihm veranlaßten Abberufung eines Schiedsrichters nach eigenem Ermessen entscheiden kann, ob für die Ernennung des neuen Schiedsrichters die alte Ernennungsprozedur angewandt werden soll. Zwar stellt dies eine starke Einschränkung der Privatautonomie dar, wird aber für den Fall für zweckmäßig gehalten, wenn die Gefahr besteht, daß die für die Ernennung zuständige Partei erneut einen befangenen Schiedsrichter nominieren wird[192].

---

[188] *Derains/Schwartz,* A Guide to the New ICC Rules of Arbitration, S. 174 .

[189] *Nerz,* Vor- und Nachteile eines Schiedsverfahrens nach der ICC-SO, RIW 1990, S. 353.

[190] *Weigand,* Die neue ICC-Schiedsgerichtsordnung 1998, S. 2085.

[191] *Lionnet,* ICC Rules of Arbitration 1998, BB Beilage 13, 1997, S. 17.

[192] *Lionnet,* a.a.O., S. 17.

Schließlich ist als Besonderheit zu erwähnen, daß der Schiedsgerichtshof gem. Art. 12 V ICC-SO die beiden verbleibenden Schiedsrichter bei einem Dreierschiedsgericht ermächtigen kann, das Verfahren allein zu Ende zu bringen. Diese Regelung wird allerdings nicht von allen nationalen Prozeßordnungen anerkannt. Das deutsche Schiedsprozeßrecht läßt dies jedoch in § 1039 II ZPO zu.

3. Schiedsregeln der Stockholmer Handelskammer

Wie die meisten Schiedsordnungen sehen seit längerem schon die Schiedsregeln der Stockholmer Handelskammer (SCC-SR) in § 17 II vor, daß einem zu bestellenden Schiedsrichter die Pflicht obliegt, alle Umstände, die berechtigte Zweifel an seiner Unparteilichkeit und Unabhängigkeit wecken können, zu offenbaren. Diese Pflicht bleibt gem. § 17 III SCC-SR auch während des laufenden Schiedsverfahrens bestehen. Anders als etwa bei der ICC-SO hat der Schiedsrichter vor seiner Bestellung über seine Unvoreingenommenheit aber keine ausdrückliche Erklärung abzugeben.

Seit der Neufassung von 1999 ist die Frist für das Ablehnungsgesuch von 30 Tagen auf 15 Tage ab Kenntnis des Ablehnungsgrundes gem. § 18 II SCC-SR verkürzt. Diese zeitliche Beschränkung wird sehr streng gehandhabt[193]. So stellt § 18 II 2 SCC-SR klar, daß eine Partei bei Fristüberschreitung so behandelt wird, als habe sie auf die Geltendmachung des Einwands der Befangenheit verzichtet.

Wie im Rahmen der ICC-SO entscheidet über ein Ablehnungsgesuch nicht das Schiedsgericht, sondern eine neutrale Institution. Gem. § 18 IV SCC-SR ist dies das Schiedsinstitut selbst. Dort heißt es auch, daß die Entscheidung endgültig ist. Eine solche Formulierung war für die UNCITRAL-SR ebenfalls vorgesehen, wurde dort aber verworfen, weil sie

---

[193] *Wang*, SCC and CIETAC Arbitration Rules, S. 101.

irreführend ist[194]. Denn die Entscheidung kann regelmäßig von einem nationalen Gericht überprüft werden, wie es etwa auch nach der schwedischen Rechtslage der Fall ist[195]. Vielmehr ist die Endgültigkeit so zu interpretieren, daß die Entscheidung lediglich innerhalb des Schiedsverfahrens abschließend ist.

4. Schiedsordnung der Zürcher Handelskammer

Das eben beschriebene Problem stellt sich auch im Rahmen von Art. 16 III ZHK-SO, wonach die Entscheidung der Schiedsgerichtskommission über die Ablehnung eines Schiedsrichters endgültig ist. Die Lösung dürfte der oben genannten entsprechen, wonach die Endgültigkeit nur für das Schiedsverfahren gilt, eine Überprüfung durch den staatlichen Richter aber möglich bleibt.

Wiederum wird die Entscheidung mittelbar über die Schiedsgerichtskommission durch die Schiedsinstitution und nicht durch das Schiedsgericht selbst getroffen. Erstaunlich ist dabei, daß für das Vorbringen der Ablehnungsgründe keinerlei Frist gesetzt ist, so daß es als Mittel für Verzögerungen genutzt werden kann. Eine weitere Besonderheit ist, daß für die Parteien keine Möglichkeit vorgesehen ist, einvernehmlich den Schiedsrichter abzuberufen. Dies bleibt gem. Art. 17 I ZHK-SO ebenfalls der Schiedsgerichtskommission vorbehalten.

Erwähnenswert ist daneben, daß ein abgelehnter Schiedsrichter unabhängig vom Verfahren seiner Bestellung gem. Art. 18 II ZHK-SO durch einen Schiedsrichter ersetzt wird, der immer vom Präsidenten der Handelskammer bestimmt wird. Ausdrücklich geregelt ist, daß das Verfahren dann nach Art. 18 III ZHK-SO mit dem neuen Schiedsrichter an

---

[194] *Hof,* Commentary on the UNCITRAL Arbitration Rules, S. 87.

[195] *Strempel/Hober,* Das neue schwedische Gesetz über Schiedsverfahren, BB Beilage 4, 1999, S. 8.

der Stelle seinen Fortgang nimmt, an welcher der Vorgänger ausgeschieden ist.

5. CIETAC - Schiedsregeln

Die Vorschriften über die Befangenheit und Ablehnung von Schiedsrichtern blieben in der Neufassung der CIETAC-SR vom Oktober 2000 nahezu unverändert. Danach hat ein benannter Schiedsrichter gem. Art. 28 CIETAC-SR eine Offenbarungspflicht bezüglich existierender Befangen-heitsgründe, ohne daß er vor seiner Berufung eine spezifische Erklärung hierüber abzugeben hat.

Als Zeitgrenze für ein Ablehnungsgesuch der Parteien ist nach Art. 29 II CIETAC-SR die erste mündliche Verhandlung vorgesehen, außer der Befangenheitsgrund wird erst später bekannt. Über den entsprechend zu begründenden Antrag entscheidet gem. Art. 30 I CIETAC-SR der Vorsitzende der Schiedskommission. Neu eingeführt wurde in diesem Zusammenhang in Art. 30 II CIETAC-SR, daß der abgelehnte Schiedsrichter bis zu einer Entscheidungsfindung seine Schiedsrichterpflichten weiter ausübt. Dies erscheint sinnvoll, um das Verfahren nicht unnötig zu verzögern.

Wird der Schiedsrichter abberufen, so wird der Ersatzschiedsrichter gem. Art. 31 I CIETAC-SR in derselben Weise bestimmt wie der abgelehnte Schiedsrichter. Anschließend kann das Schiedsgericht gem. Art. 31 II CIETAC-SR selbst entscheiden, ob ein Teil oder das gesamte vorherige Verfahren zu wiederholen ist.

V. Zusammenfassung und Vorschläge zur Ergänzung der UNCITRAL - Schiedsregeln

Wie sich bei der Erörterung der Ablehnungsfälle im Rahmen des Iran-U.S. Claims Tribunals gezeigt hat, haben sich die Regelungen in den UNCITRAL-SR zur Befangenheit und Ablehnung von Schiedsrichtern trotz eines politisch sensiblen Hintergrundes bewährt[196].

Allerdings haben sich andere Schiedsordnungen in ihren Neufassungen Problemfeldern im Zusammenhang mit der Ablehnung von Schiedsrichtern angenommen, die im Rahmen der UNCITRAL-SR bislang nur unbefriedigend gelöst sind. Vorliegend werden zwei davon herausgegriffen und es wird versucht, für sie eine den speziellen Anforderungen an die UNCITRAL-SR gerecht werdende Lösung zu entwickeln. Dabei handelt es sich zum einen um das Problem, wie die in Art. 9 UNCITRAL-SR niedergelegte Offenbarungspflicht des Schiedsrichters vor seiner Bestellung zu konkretisieren ist und welche Sanktionen sich aus einer fehlenden Offenbarung zu ergeben haben. Zum anderen soll geklärt werden, welche konkrete Rechtsfolge sich aus der Überschreitung der in Art. 11 I UNCITRAL-SR geregelten Frist bei der Schiedsrichterablehnung ergibt.

Nach Art. 9 UNCITRAL-SR hat ein vorgesehener Schiedsrichter alle Umstände bekanntzugeben, die geeignet sind, berechtigte Zweifel aufkommen zu lassen, daß er unparteiisch oder unabhängig ist. Es wird nicht weiter konkretisiert, wie detailliert diese Offenbarung zu sein hat und welche unterschiedlichen Bereiche davon betroffen sind. Es ist daher der individuellen Einschätzung jedes Schiedsrichters überlassen, was er für offenbarungswürdig hält. Auch ist nicht geregelt, welche Konsequenzen ein Schiedsrichter zu tragen hat, wenn er sich nicht an diese Offenbarungspflicht hält.

Zu Beginn des Iran-U.S. Claims Tribunals wurde eine geeignete Offenlegung dadurch gefördert, daß standardisierte Formulare ausgefüllt

---

[196] siehe III.2.

werden mußten, in denen unter anderem die gegenwärtigen und zurückliegenden beruflichen Tätigkeiten und die wirtschaftlichen Beteiligungen an Unternehmen, die in irgendeiner Weise an dem Schiedsverfahren beteiligt sind, dargelegt werden mußten[197]. Diese Praxis wird seit längerer Zeit auch von der DIS und der ICC in ähnlicher Weise gehandhabt und ist in deren Neufassungen ausdrücklich niedergelegt (§ 16 I DIS-SR; Art. 7 II ICC-SO)[198].

Ein solches Verfahren hat den Vorteil, daß dem zukünftige Schiedsrichter eine Leitlinie zur Verfügung steht, die den Umfang der Offenlegungspflicht verdeutlicht. Außerdem hat er in jedem Fall eine Erklärung abzugeben, auch wenn er meint, nichts offenbaren zu müssen. Hierdurch kann eine Sanktion für den Fall der fehlenden Offenbarung leichter geregelt werden. Diese könnte darin bestehen, daß die Parteien die Benennung dieses Schiedsrichters ohne Einhaltung einer Frist wegen arglistiger Täuschung anfechten können, auch wenn die pflichtwidrig nicht offenbarten oder wahrheitswidrig angegebenen Umstände nicht zur Begründung seiner Befangenheit ausreichen[199]. Als Konsequenz würde dieser Schiedsrichter wegen der ex-tunc Wirkung der Anfechtung auch seinen Honoraranspruch verlieren. Andererseits würden einem Schiedsrichter, der etwas nicht angegeben hat, was nicht anzugeben war, jedenfalls hinsichtlich seines Honoraranspruchs keine Konsequenzen drohen. Den Parteien bliebe der „normale“ Weg der Ablehnung.

Für die Überschreitung der Ablehnungsfrist in Art. 11 I UNCITRAL-SR ist ebenfalls keine Rechtsfolge geregelt. Es wird vertreten, daß eine Präklusion auszuscheiden habe, weil das Ablehnungsrecht von grundsätzlicher rechtsstaatlicher Bedeutung sei[200]. Dieser Ansicht kann nicht gefolgt werden, denn einer der größten Vorteile der Schiedsverfahren gegenüber dem Verfahren vor den staatlichen Gerichten ist der strafferer Verfahrensablauf und die damit verbundene Aussicht auf einen schnellen

---

[197] *Hof,* Commentary on the UNCITRAL-Arbitration Rules, S. 60.

[198] siehe IV.1 und IV.2

[199] *Aden,* Internationale Handelsschiedsgerichtsbarkeit, S. 224.

[200] *Aden,* a.a.O., S. 225.

Titel. Sämtliche Neufassungen von Schiedsordnungen in letzter Zeit waren darauf bedacht, diesen Vorteil weiter auszubauen und die Schiedsrichter wie die Parteien zu einer gewissen Zeitdisziplin anzuhalten. Es wäre daher ein Rückschritt, wenn eine Partei ihr Ablehnungsrecht trotz Kenntnis von den Befangenheitsgründen nach Ablauf einer Frist nicht verlieren würde, sondern weiter ausüben könnte.

Eine Präklusion dieses Rügerechts widerspricht auch nicht dem Rechtsstaatsprinzip. Denn mit dieser Argumentation könnte man jede prozessuale Frist mit einem damit verbundenen Rechtsverlust nach Fristüberschreitung als rechtsstaatswidrig bezeichnen. Immerhin haben es die Parteien innerhalb eines angemessenen Zeitraums selbst in der Hand, ob sie ein Ablehnungsverfahren anstrengen wollen oder nicht. Ohne Präklusion bestünden für die Parteien hingegen vielfältige Verzögerungsmöglichkeiten.

Für eine Präklusion spricht schließlich, daß es sich nicht um ein materielles, sondern „lediglich" um ein prozessuales Recht handelt. Es ist daher sinnvoll, eine Regelung zur Ergänzung von Art. 11 I UNCITRAL-SR aufzunehmen, die sich an § 18 II 2 SCC-SR orientieren kann[201]. Dort ist ausdrücklich klargestellt, daß eine Partei bei Fristüberschreitung so behandelt wird, als habe sie auf die Geltendmachung des Einwands der Befangenheit verzichtet.

---

[201] siehe IV.3.

Dritter Teil: Widerklage

I. Problemstellung

Die Widerklage als Gegenangriffsmittel des Schiedsbeklagten in einem Schiedsverfahren wirft regelmäßig zwei Problemkreise auf. Zum einen stellt sich die Frage, welcher Zusammenhang zwischen der Schiedsklage und der Widerklage bestehen muß, damit letztere in den Anwendungsbereich der Schiedsvereinbarung und somit der Rechtsprechung des bereits konstituierten Schiedsgerichts unterfällt[202]. Zum anderen tritt das Problem auf, daß ein Beklagter in einem sehr späten Verfahrensstadium versucht, eine Widerklage zu erheben. Hier drängt sich häufig der Verdacht auf, daß die Widerklage ähnlich wie die oben erörterten Befangenheitsanträge lediglich als Mittel der Verfahrensverzögerung eingesetzt wird[203].

Teilweise wird auch diskutiert, daß Schiedsrichter nur über den Streit zu entscheiden haben, für dessen Entscheidung sie bestellt worden sind, so daß im Fall neu eingeführter Streitgegenstände jede Partei das Recht habe, ihren Schiedsrichter neu zu ernennen. Jedoch schränkt diese Ansicht selbst ein, daß jeder, der einen Prozeß beginnt bzw. gegen den ein Prozeß angestrengt wird, aufgrund der forensischen Alltagspraxis mit Widerklagen rechnen muß. Deshalb sollen danach jedenfalls fristgemäße konnexe Widerklagen zulässig sein, womit sich wiederum obengenannte Problemkreise eröffnen[204].

---

[202] *Berger,* Internationale Wirtschaftsschiedsgerichtsbarkeit, S. 323.
[203] *Redfern/Hunter,* International Commercial Arbitration, S. 242.
[204] *Schlosser,* Das Recht der internationalen privaten Schiedsgerichtsbarkeit, Rn. 671.

1. Notwendiger Zusammenhang zwischen Klage und Widerklage

Die Geltendmachung des Widerklageanspruchs im Schiedsverfahren ist von vornherein unzulässig, wenn er nicht unter den Schiedsvertrag fällt[205]. Je nach Schiedsordnung muß es sich also um einen Anspruch handeln, der aus demselben Vertrag oder zumindest in Zusammenhang mit ihm entstanden ist.

Denkbar ist weiterhin, daß die Schiedsvereinbarung nachträglich auf den mit der Widerklage geltend gemachten Anspruch ausgedehnt wird, wobei dies konkludent durch rügelose Einlassung auf die Widerklage geschehen kann[206].

Besteht keine derartige Konnexität und läßt sich der Kläger nicht auf die Widerklage ein, so bleibt dem Beklagten nichts anderes übrig, als seine Forderung in einem getrennten Verfahren geltend zu machen[207].

2. Zeitliche Grenzen der Widerklage

Widerklagen können unter Umständen auch aus Gründen der zeitlichen Präklusion zurückgewiesen werden. In der Praxis werden sie häufig als Mittel der Verfahrensverzögerung eingesetzt oder als verschleierte Klageantwort mißbraucht[208]. Manche Schiedsordnungen sehen daher vor, daß die Widerklage spätestens in der Klageantwort geltend zu machen ist. Schwieriger wird es für das Schiedsgericht, wenn es seinem Ermessen unterstellt ist, ob eine Widerklage noch zugelassen werden kann oder nicht. Es hat dann zu entscheiden, ob die späte Einführung der Widerklage lediglich ein Verfahrensmißbrauch ist, der zu unnötigen Verzögerungen und Kosten führt, oder ob das Interesse überwiegt, alle Streitigkeiten

---

[205] *Schlosser,* Das Recht der internationalen privaten Schiedsgerichtsbarkeit, Rn. 671.
[206] *Aden,* Internationale Handelsschiedsgerichtsbarkeit, S. 86.
[207] *Berger,* Internationale Wirtschaftsschiedsgerichtsbarkeit, S. 324.
[208] *Berger,* a.a.O., S. 324.

zwischen den Parteien in einem Verfahren zu erledigen, mit den Vorteilen einer einmaligen Beweiserhebung und geringeren Kosten[209].

[209] *Redfern/Hunter,* International Commercial Arbitration, S. 242.

II. Regelung in den UNCITRAL - Schiedsregeln

Art. 19 III UNCITRAL-SR sieht vor, daß ein Beklagter in seiner Klageantwort oder in einem späteren Stadium des Schiedsverfahrens eine auf denselben Vertrag gestützte Widerklage erheben kann, wenn die Verspätung vom Schiedsgericht als durch die Umstände gerechtfertigt bewertet wird. Es werden also beide oben dargestellten Themenkreise, nämlich der Zusammenhang zwischen Klage und Widerklage sowie die zeitlichen Grenzen einer Widerklageerhebung konkretisiert.

Erstens ist eine Widerklage nur dann zulässig, wenn sich die geltend gemachten Ansprüche aus demselben Vertrag ergeben wie die Hauptforderung. Ein bloßer wirtschaftlicher Zusammenhang, wie etwa bei § 33 ZPO, reicht demnach nicht aus. Lediglich bei einem Rahmenvertrag mit verschiedenen Teilleistungen soll es genügen, wenn ein Bezug zum Rahmengeschäft besteht[210]. Bei Schaffung der UNCITRAL-SR wurde dies von einigen als zu restriktiv empfunden, und es wurde vorgeschlagen, Widerklagen auch dann zu erlauben, wenn sie sich aus demselben Sachverhalt oder derselben Transaktion ergeben[211]. Diese Ansicht, die aus Gründen der Prozeßökonomie einiges für sich hat, konnte sich damals jedoch nicht durchsetzen.

Zum zweiten ist die Widerklage grundsätzlich in der Klagebeantwortung vorzubringen. Eine spätere Erhebung ist nur zulässig, wenn das Schiedsgericht die Verspätung als gerechtfertigt ansieht. Damit obliegt es dem Beklagten, nachvollziehbare Gründe für die Verspätung darzulegen, um vom Schiedsgericht die Zustimmung zur Erhebung seiner Widerklage in einem vorangeschrittenen Verfahrensstadium zu erhalten[212]. Es liegt auf der Hand, daß diese Verfahrensweise Anlaß für vielfältige Konflikte sein kann. Dies zeigt auch die Praxis des Iran-U.S. Claims Tribunals[213].

---

[210] *Rauh,* Die Schieds- und Schlichtungsordnung der UNCITRAL, S. 97.
[211] *Hof,* Commentary on the UNCITRAL Arbitration Rules, S. 126.
[212] *Sanders,* Commentary on UNCITRAL Arbitration Rules, YCA 1977 (II), S. 205.
[213] siehe III.2.

Erwähnenswert ist schließlich noch, daß eine einmal zulässig erhobene Widerklage, anders als etwa eine Aufrechnung, als mehr oder weniger unabhängig von der Klage angesehen wird, obwohl dies so nicht ausdrücklich in den UNCITRAL-SR geregelt wird[214]. Das bedeutet, daß über eine Widerklage auch dann noch vom Schiedsgericht zu entscheiden ist, wenn die ursprüngliche Klage zurückgenommen oder eigenständig durch Vergleich beendet wurde.

214 *Sanders,* Commentary on UNCITRAL Arbitration Rules, YCA 1977 (II), S. 205.

III. Regeln und Schiedssprüche des Iran-U.S. Claims Tribunals

1. Die Regeln des Tribunals

Die einzige, aber nicht unerhebliche Abweichung der Tribunal Rules von Art. 19 III UNCITRAL-SR besteht darin, daß die Widerklage nach der CSD erlaubt sein muß. Art. II Abs. 1 CSD wiederum erweitert Art. 19 III UNCITRAL-SR insoweit, als danach nicht nur eine Widerklage zulässig ist, die aus demselben Vertrag stammt, sondern auch, wenn sie aus derselben Transaktion oder demselben Ereignis resultiert wie die Klage. Voraussetzung ist jedoch, daß auch die darin geltend gemachte Forderung bereits zum Datum der Algier Deklarationen (20.01.1981) bestand [215].

In Abs. 2 der Notes zu Art. 19 Tribunal Rules wird ausdrücklich klargestellt, daß dem Kläger, gegen den die Widerklage gerichtet ist, ein Erwiderungsrecht zusteht. Für dieses sollen die Vorschriften zur Klageerwiderung nach Art. 19 II Tribunal Rules entsprechende Anwendung finden.

Weitere Besonderheiten bezüglich der Widerklagen sind in den Tribunal Rules nicht ersichtlich.

2. Ausgewählte Schiedssprüche

Ähnlich wie die oben dargestellten Befangenheitsanträge war auch die Zulässigkeit von Widerklagen regelmäßig ein Streitpunkt in den Schiedsverfahren vor dem Tribunal. Im folgenden sollen die wichtigsten Schiedssprüche zu den beiden damit verbundenen, oben dargestellten Problemkreisen vorgestellt werden.

---

[215] *Maiwald,* Iran-U.S. Claims Tribunal, S. 57.

a. Notwendiger Zusammenhang zwischen Klage und Widerklage

aa. American Bell International Inc. vs. The Telecommunications Company of Iran (TCI) among others, 11. Juni 1984[216]

Im Mai 1975 wählte der Iran AT&T aus mehreren Mitbewerbern aus, um den Staat bei einem Programm zur Modernisierung der zivilen und militärischen Telekommunikations-Infrastruktur zu unterstützen. Kurz darauf gründete AT&T zu diesem Zweck eine 100%ige Tochtergesellschaft namens ABII. Wegen ausstehender Zahlungen aus zwei Verträgen (Nr. 118 und 138) verklagte ABII TCI auf Zahlung von US$ 63,819,369. Im Gegenzug erhob TCI eine Widerklage wegen Schadensersatz aus Vertragsverletzungen von AT&T. In weiteren Widerklagen forderte TCI von ABII Zahlungen aus einem anderen Vertrag (Nr. 112) als denen, die der Klage zugrunde lagen. Schließlich reichte TCI Widerklagen gegen ABII wegen der Verletzung iranischer Strafgesetze ein.

Hinsichtlich der Zulässigkeit der Widerklagen hatte das Tribunal also zunächst zu entscheiden, ob auch die Widerklagen gegen AT&T unter seine Zuständigkeit fiel. Die Beklagten argumentierten in diesem Zusammenhang, daß mit AT&T die erste Absichtserklärung für das Projekt unterzeichnet wurde und außerdem ABII eine 100%ige Tochter von AT&T sei, die allein zum Zweck der Erfüllung der Absichtserklärung gegründet worden sei[217]. Die Kläger erwiderten hingegen, daß nach der CSD und allgemeinen verfahrensrechtlichen Grundsätzen eine Widerklage gegen eine dritte Partei, die nicht am ursprünglichen Verfahren beteiligt ist, unzulässig sei[218].

Das Tribunal stützte seine Entscheidung hauptsächlich auf den Wortlaut von Art. II CSD, wonach das Tribunal errichtet wurde für „... die Klage eines Staatsangehörigen der USA und des Irans..." und für „...Widerklagen [...] mit demselben Streitgegenstand wie die Klage *dieses*[219]

[216] Interlocutory Award in Case No. 48 (41-48-3), YCA 1985 (X), S. 274 ff.
[217] a.a.O. (Fn. 216), S. 275.
[218] a.a.O. (Fn. 216), S. 275.
[219] Betonungen eingefügt.

Staatsangehörigen..." und schloß daraus, daß eine Widerklage nur gegen den Kläger, nicht aber gegen dritte Parteien erhoben werden kann. Unterstützt werde dieses Ergebnis nach Auffassung des Tribunals auch durch den Wortlaut von Note 3 zu Art. 19 Tribunal Rules, wonach „...*der Kläger, gegen den die Widerklage gerichtet ist*, das Recht auf Erwiderung hat...". Deshalb hielt das Tribunal die Widerklage, die nicht gegen ABII als Kläger gerichtet war, für unzulässig[220].

Als zulässig erachtete das Tribunal dagegen mehrheitlich die Widerklage, die aus einem anderen Vertrag als denen der Klage herrührte, da es nach Art. II Abs. 1 CSD ausreiche, daß sich die Widerklage auf dieselbe Transaktion gründe, was hier der Fall sei[221]. Lediglich der amerikanische Schiedsrichter *Mosk* äußerte eine abweichende Meinung[222]. Er war der Ansicht, daß Art. II Abs. 1 CSD folgendermaßen ausgelegt werden müsse: Falls die Klage auf einem Vertrag beruhe, sei das Tribunal nur für Widerklagen aus demselben Vertrag zuständig. Falls die Klage auf einer Transaktion beruhe, sei das Tribunal nur für Widerklagen aus derselben Transaktion zuständig. Das gleiche gelte für „Ereignisse" als Grundlage für Klage und Widerklage. *Mosk* übersieht dabei, daß im Klageweg geltend gemachte Ansprüche immer nur vertraglicher oder deliktischer Natur sein können. Es würde also der Schilderung des Klägers obliegen, der entweder einen Vertrag oder die Umstände einer ganzen Transaktion darlegt, ob eine Widerklage des Beklagten zulässig ist. Dies ist aber nicht Sinn und Zweck von Art. II Abs. 1 CSD, welcher die Widerklagemöglichkeiten aus Gründen der Prozeßökonomie erweitern soll.

Schließlich hatte das Tribunal darüber zu befinden, ob es auch für Widerklagen zuständig ist, die sich auf die Verletzung von iranischem Strafrecht stützen. Dies konnte mit Verweis auf Art. II Abs. 1 CSD sehr schnell abgelehnt werden.

---

[220] Interlocutory Award in Case No. 48 (41-48-3), YCA 1985 (X), S. 275.

[221] a.a.O. (Fn. 220), S. 276.

[222] a.a.O. (Fn. 220), S. 279.

bb. *Westinghouse Electric Corporation vs. The Islamic Republic of Iran Air Force among others, 12. Februar 1987*[223]

Westinghouse erhob vier Klage gegen die iranische Luftwaffe, die jeweils auf vier verschiedenen Verträgen zwischen den Parteien beruhten, allesamt aber den Bau einer Halle zur Reparatur von Waffen und elektronischen Systemen betrafen. Der Beklagte wiederum reichte insgesamt 18 Widerklagen gegen den Kläger ein. Davon gründeten drei auf denselben Verträgen wie die Klage, während die übrigen auf anderen Verträgen basierten, die aber ebenfalls mit der Errichtung sowie mit der späteren Erweiterung der Halle in Zusammenhang standen[224]. Das Tribunal hatte also im Rahmen dieser Zwischenentscheidung zu klären, ob die übrigen Widerklagen „dieselbe Transaktion" betrafen und deshalb zulässig waren.

Zunächst stellte das Schiedsgericht fest, daß die Verträge der übrigen Widerklagen rechtlich unabhängig von den in der Klage geltend gemachten Verträgen waren. Es bestand keine vertragliche Verpflichtung des Beklagten, für den gesamten Bau und die späteren Erweiterungen der Halle die Dienste des Klägers in Anspruch zu nehmen. Andererseits war es offensichtlich, daß der Kläger als Konstrukteur der Halle und wichtigster Zulieferer der Ausstattung große Wettbewerbsvorteile im Hinblick auf den Zuschlag weiterer Aufträge nach Ausführung der ursprünglichen Verträge hatte. Tatsächlich wurde, von einer Ausnahme abgesehen, der gesamte Bau der Halle, sowie deren Ausstattung, vom Kläger vorgenommen. Außerdem bestand zwischen den einzelnen Verträgen eine faktische Beziehung insofern, als sie technisch insbesondere im Hinblick auf die Erweiterung und Ausstattung der Halle aufeinander aufbauten[225].

Damit bestand für das Tribunal eine ausreichend starke Beziehung zwischen den einzelnen Verträgen, um sie als „die gleiche Transaktion" zu werten. Der Bau und die Erweiterung der Halle sei ebenso wie deren Ausstattung als einheitliche Unternehmung zu beurteilen und deshalb seien

---

[223] Interlocutory Award in Case No. 389 (ITL 67-389-2), YCA 1988 (XIII), S. 359 ff.
[224] a.a.O. (Fn. 223), S. 360.
[225] a.a.O. (Fn. 223), S. 361f.

die sich daraus ergebenden Streitigkeiten zwischen den Parteien schon aus prozeßökonomischen Gründen in einem Verfahren zu behandeln[226]. Jedes andere Ergebnis würde die künstliche Aufspaltung eines an sich einheitlichen wirtschaftlichen Sachverhalts bedeuten.

cc. *Westinghouse Electric Corporation vs. The Islamic Republic of Iran Air Force, 26. März 1997*[227]

Im weiteren Verlauf des eben dargestellten Schiedsverfahrens erhob der Kläger von ihm als „Wider- Widerklagen" bezeichnete Widerklagen, die sich jeweils nicht auf die in der ursprünglichen Klage vorgebrachten Verträge stützten, sondern auf solche, die der Beklagte mit seinen Widerklagen in das Verfahren eingeführt hatte. Insgesamt verlangte der Kläger in seinen Widerklagen wegen verschiedener Vertragsverletzungen zusätzlich zur ursprünglichen Klage eine Zahlung von US$ 8.940.029[228].

Das Tribunal wertete die „Wider- Widerklagen" des Klägers als Klageerweiterung im Sinne von Art. 20 Tribunal Rules[229] und nicht als Widerklage, weil diese nach dem ausdrücklichen Wortlaut von Art. 19 III Tribunal Rules nur dem Beklagten offensteht. Eine Klageerweiterung zu diesem Zeitpunkt war aber nach Ansicht des Tribunals schon deshalb unzulässig, weil Art. III Abs. 4 CSD als zeitliche Grenze für Klagen im Rahmen des Iran-U.S. Claims Tribunals den 19. Januar 1982 vorsieht. Allerdings räumte das Tribunal ein, daß es dem Kläger gegenüber unfair wäre, wenn sein Vorbringen im Rahmen der „Wider- Widerklagen" keine Berücksichtigung bei der Entscheidung über die Widerklagen des Beklagten finden würde. Deshalb würdigte das Tribunal die vorgebrachten Ansprüche bis zur Höhe der in den Widerklagen geltend gemachten Ansprüche, aber nicht darüber hinaus[230].

---

[226] Interlocutory Award in Case No. 389 (ITL 67-389-2), YCA 1988 (XIII), S. 364.

[227] Award in Case No. 389 (579-389-2), YCA 1998 (XXIII), S. 521 ff.

[228] a.a.O. (Fn. 227), S. 522.

[229] entspricht weitestgehend Art. 20 UNCITRAL-SR

[230] a.a.O. (Fn. 227), S. 529f.

Gegen diese Entscheidung wandte sich der Schiedsrichter *Aldrich*. Nach seiner Ansicht spräche schon der Wortlaut von Art. II Abs. 1 CSD dafür, daß auch eine Widerklage des Klägers zulässig sei. In Art. II Abs. 1 CSD heißt es, daß das Tribunal zuständig ist für „... *jede*[231] Widerklage, die aus demselben Vertrag, Transaktion oder Ereignis..." resultiert. Damit gebe es keine Grundlage, den Kläger gegenüber dem Beklagten im Zusammenhang mit der Erhebung von Widerklagen zu benachteiligen[232].

Dieser Auffassung ist zuzustimmen, da daß Tribunal bei seiner Argumentation mit dem Wortlaut von Art. 19 III Tribunal Rules übersieht, daß der Kläger im Rahmen einer Widerklage Widerklagebeklagter ist und deshalb dieselben Rechte haben muß wie ein Beklagter. Außerdem spricht auch die Prozeßökonomie dafür, wirtschaftlich zusammenhängende Klagen, sei es vom Kläger oder vom Beklagten, im selben Verfahren zu behandeln. Die Gefahr der Umgehung der Klageerweiterungsvorschriften in Art. 20 Tribunal Rules besteht nicht, da Art. 19 III Tribunal Rules in Verbindung mit Art. II Abs. 1 CSD anders als Art. 20 Tribunal Rules einen bestimmten wirtschaftlichen Zusammenhang zwischen den Klagen fordert.

dd. The First National Bank of Boston (FNNB) vs. Bank Markazi among others, 19. September 1988[233]

Die auf Zinszahlung aus verschiedenen Darlehensverträgen iranischer Unternehmen verklagte Bank Markazi, die im Zusammenhang mit den Darlehen als Konsortialbank fungierte, erhob Widerklage gegen FNNB wegen Zinszahlungen aus Kapitalanlagen, die FNNB für diverse iranische Kunden unterhielt[234]. Nachdem FNNB ihre Klage jedoch zurücknahm, mußte das Tribunal entscheiden, ob es für die Widerklage zuständig war.

---

231 Betonung eingefügt.

232 Award in Case No. 389 (579-389-2), YCA 1998 (XXIII), S. 535.

233 Decision in Case No. 202 (DEC 83-202-2), YCA 1989 (XIV), S. 362 ff.

234 a.a.O. (Fn. 233), S. 362.

Zunächst stellte das Tribunal fest, daß seine Zuständigkeit nach Klagerücknahme nur bei einer Widerklage, nicht aber bei einer Aufrechnung begründet bliebe[235]. Die Qualifikation des Begehrens der Beklagten konnte es im vorliegenden Fall aber offen lassen, da auch für eine Widerklage die Zuständigkeit des Tribunals nicht gegeben war. Dazu müßten Klage und Widerklage gem. Art. II Abs. 1 CSD auf demselben Vertrag, derselben Transaktion oder demselben Ereignis beruhen. Die Beklagte hatte hierzu nur vorgebracht, daß die Art und Weise der Bankgeschäfte zwischen den Parteien in beiden Fällen ähnlich wären. Dies genügte nach Ansicht des Tribunals für die Anwendung von Art. II Abs. 1 CSD jedoch nicht, insbesondere auch weil FNBB für die Kapitalanlagen Konten führten, die in der Konsortialvereinbarung zur Darlehensgewährung nicht erwähnt waren. Die Widerklage wurde folglich zurückgewiesen[236].

Anderer Auffassung war lediglich der iranische Schiedsrichter *Khalilian*, der meinte, Widerklage und Aufrechnung unterlägen denselben Voraussetzungen, so daß bei Fortfall einer Klage auch eine Aufrechnung, als die das Begehren der Beklagten auszulegen sei, aufrecht erhalten bleiben könne[237]. Diese Ansicht verkennt allerdings, daß eine Aufrechnung im prozessualen Sinn anders als eine Widerklage ein bloßes Verteidigungsmittel des Beklagten ist, das mit der Rechtshängigkeit der Klage steht und fällt.

ee. Anaconda-Iran, Inc. vs. The National Iranian Copper Industries Company (NICIC), 29. Oktober 1992[238]

Der Entscheidung *Anaconda-Iran, Inc. vs. NICIC* lag zugrunde, daß der Kläger einen Vertrag mit der Beklagten geschlossen hatte, in dem er sich zur technischen Unterstützung bei der Entwicklung, Konstruktion und

---

[235] Decision in Case No. 202 (DEC 83-202-2), YCA 1989 (XIV), S. 363.

[236] a.a.O. (Fn. 235), S. 364.

[237] a.a.O. (Fn. 235), S. 365.

[238] Award in Case 167 (539-167-3), YCA 1993 (XVIII), S. 270 ff.

Betrieb einer Kupfer Miene und einer damit verbundenen Verarbeitungsstätte im Iran verpflichtet hatte. Nachdem der Kläger den Vertrag aufgrund des politischen Umsturzes im Iran wegen höherer Gewalt gekündigt und auf Zahlung der bereits ausstehenden Beträge in Höhe von US$ 11.190.768,50 geklagt hatte, erhob die Beklagte Widerklage auf Zahlung in Höhe von US$ 2.065.865.229 wegen diverser Vertragsverletzungen des Klägers[239]. Im Zusammenhang mit der Widerklage hatte das Tribunal zu entscheiden, ob die Widerklage gem. Art. II Abs.1 CSD demselben Vertrag, derselben Transaktion oder demselben Ereignis entsprang wie die Klage.

Der Kläger argumentierte diesbezüglich, er hätte lediglich für die technische Unterstützung des Projekts zu sorgen gehabt hätte, während die tatsächliche Konstruktion des Projekts, aus der sich die Schäden des Beklagten hauptsächlich ergäben, von anderen Unternehmen durchgeführt worden sei. Seine in der Klage geltend gemachten Ansprüche würden aber nur auf dem Vertrag zur technischen Unterstützung beruhen, so daß es aufgrund der oben genannten Beteiligung dritter Parteien am in Art. II Abs. 1 CSD geforderten Zusammenhang zwischen Klage und Widerklage fehlen würde[240].

Dem folgte das Schiedsgericht nicht. Nach seiner Ansicht betrafen die Argumente des Klägers mehr die materiellen Rechtsfragen von Verursachung und Zurechnung als die formelle Frage der Zuständigkeit des Schiedsgerichts. Ob dritte Parteien oder der Kläger für die vom Beklagten geltend gemachten Schäden verantwortlich ist, sei eine Frage der Begründetheit und nicht der Zulässigkeit der Widerklage. An dem gem. Art. II Abs. 1 CSD nötigen Zusammenhang der Widerklage mit der Transaktion, auf der die Klage beruhe, gebe es hingegen keinen Zweifel, so daß das Tribunal seine Zuständigkeit für die Widerklage in diesem Fall für vorhanden hielt.

---

[239] Award in Case 167 (539-167-3), YCA 1993 (XVIII), S. 270.

[240] a.a.O. (Fn. 239), S. 271.

b. Zeitliche Grenzen der Widerklage

aa. *R.J. Reynolds Tobacco Company vs. Iranian Tobacco Company, 6. August 1984*[241]

Der Kläger begehrte in seiner Klage vom 16. November 1981 eine Zahlung in Höhe von US$ 36.294.667,66 für seine an den Beklagten verkauften und gelieferten Tabakwaren. Im Gegenzug erhob der Beklagte sechs Widerklagen. Bei der ersten Anhörung im Oktober 1982 brachte der Beklagte eine weitere Widerklage vor das Schiedsgericht, ohne Gründe für die späte Erhebung darzulegen [242].

Das Schiedsgericht lehnte die Widerklage ohne nähere Begründung als verspätet ab. In seiner Anmerkung zu dieser Entscheidung führte der amerikanische Schiedsrichter *Mosk* aus, daß dem Beklagten ohnehin großzügige Fristverlängerungen zur Einreichung von Anträgen gewährt wurden. So zog sich das Verfahren fast drei Jahre hin, obwohl die zu klärenden Rechtsfragen trotz der Höhe der begehrten Summen nicht sonderlich kompliziert waren. Außerdem war dies der einzige Fall, den der Beklagte vor dem Tribunal zu verhandeln hatte. Für *Mosk* war deshalb klar, daß die Einreichung dieser weiteren Widerklage eine bloße Verzögerungstaktik gewesen sei, die er aus seinen Erfahrungen mit amerikanischen Anwälten kenne. Er gab zu bedenken, daß hier das Ermessen des Schiedsgerichts hinsichtlich der Zulassung solcher Schiedsklagen ein großer Vorteil gegenüber den staatlichen Gerichten sei, die solchen Taktiken häufig machtlos gegenüberstünden. Konsequenterweise habe die Widerklage als verspätet abgelehnt werden müssen[243].

---

[241] Partial Award in Case No. 35 (145-35-3), YCA 1984 (IX), S. 258 ff.

[242] a.a.O. (Fn. 241), S. 258.

[243] a.a.O. (Fn. 241), S. 265.

bb. American Bell International Inc. vs. The Telecommunications Company of Iran, 19. September 1986[244]

Hinsichtlich des Sachverhalts dieses Falles kann im wesentlichen auf die obigen Ausführungen zur Zwischenentscheidung in diesem Verfahren verwiesen werden[245]. Zu ergänzen ist, daß der Beklagte die hier in Frage stehende Widerklage am 30. August 1985, also über ein Jahr nach Beginn des Verfahrens, erhob. Darin machte er geltend, daß er Zahlungen an den Kläger in Höhe von US$ 3.716.165 im Hinblick auf eine geplante Änderung des amerikanischen Einkommenssteuerrechts geleistet habe, zu der es aber nicht gekommen sei [246]. Deshalb fordere er diese Zahlungen zurück.

Es stellte sich also für das Tribunal das Problem, ob es die verspätete Einreichung der Widerklage gem. Art. 19 III Tribunal Rules als nach den Umständen gerechtfertigt ansehen konnte. Dabei war nach Ansicht des Schiedsgerichts zu berücksichtigen, daß die Widerklage fünf Wochen vor der Anhörung erhoben wurde und dem Kläger damit etwa vier Wochen blieben, um darauf noch vor der Anhörung erwidern zu können, ohne daß diese verschoben werden mußte. Angesichts der Tatsache, daß der zugrundeliegende Tatsachenvortrag zu den am wenigsten komplizierten des gesamten Falles gehörte, hielt das Schiedsgericht diesen Zeitraum für ausreichend. Außerdem erkannte das Tribunal an, daß es für den Beklagten in Anbetracht des Umfangs des Beweismaterials in diesem Fall nicht notwendigerweise bereits bei der Klageerwiderung möglich war, diese Widerklage zu erheben. Unter diesen Umständen sah das Schiedsgericht die Widerklage als nicht verspätet und damit als zulässig an[247].

---

[244] Award in Case No. 48 (255-48-3), YCA 1987 (XII), S. 292 ff.

[245] siehe III.2.a.aa.

[246] a.a.O. (Fn. 244), S. 298.

[247] a.a.O. (Fn. 244), S. 299.

cc. *Itel International Corporation vs. Bank Tejarat among others, 23. Mai 1990*[248]

Der Entscheidung *Itel vs. Bank Tejarat* liegt der folgende Sachverhalt zugrunde: Der Kläger hatte mit dem Träger der iranischen Sozialversicherung einen Kaufvertrag über die Lieferung von Computern geschlossen. Die in diesem Vertrag vereinbarten Leistungen wurden von jeder Partei jeweils durch ein Garantieversprechen einer Bank abgesichert. Auf iranischer Seite erfolgte dies durch die Beklagte. Nachdem der Vertrag wegen höherer Gewalt aufgrund der Revolution im Iran vom Kläger gekündigt worden war, verlangte er unter anderem von der Beklagten die Zahlung noch ausstehender Beträge für bereits erfolgte Lieferungen. Im Gegenzug erhob die Beklagte Widerklage auf Schadensersatz wegen verschiedener Vertragsverletzungen des Klägers. Diese Ansprüche hatte die Beklagte zunächst in einer eigenen Klage vor einem anderen Tribunal geltend gemacht. In jenem Verfahren lehnte das Schiedsgericht aber im Juni 1985 das Begehren mit der Begründung ab, daß die Klage mit einer anderen zusammenhinge und deshalb in dem anderen Verfahren als Widerklage erhoben werden könne. Das Tribunal würde sich hierfür bei dem anderen Schiedsgericht einsetzen. Eine zeitliche Vorgabe für die Erhebung machte das Tribunal nicht. Tatsächlich reichte der Beklagte die Widerklage erst 15 Monate später, also im September 1986, ein.[249]

Es war also zu entscheiden, ob die Erhebung nach den Umständen im Sinne von Art. 19 III Tribunal Rules verspätet war. Das Tribunal stellte zunächst fest, daß es von einer „Hilfestellung“ des anderen Schiedsgerichts für die Zulassung nichts wisse. Auch seien 15 Monate ein langer Zeitraum. Insbesondere sei die Tatsache zu berücksichtigen, daß die Widerklage letztlich nur eine Klage wiederhole, die bereits 1982 eingereicht worden war. Andererseits sei zu bedenken, daß das Tribunal im ersten Verfahren kein Zeitlimit für die Erhebung der Widerklage gesetzt hatte. Ihre Zulassung würde zudem den Kläger nicht besonders benachteiligen, da die zugrundeliegenden Tatsachen nahezu identisch seien mit denen der Klage.

---

248 Award in Case No. 476 (479-476-2), YCA 1991 (XVI), S. 358 ff.

249 a.a.O. (Fn. 248), S. 359.

Das Schiedsgericht kam daher zu dem Schluß, daß vorliegend ausreichende Umstände gegeben seien, die zur Zulässigkeit der Widerklage führten[250].

[250] Award in Case No. 476 (479-476-2), YCA 1991 (XVI), S. 359f.

IV. Vergleich mit anderen Schiedsordnungen

1. DIS-Schiedsregeln

Im Rahmen der stärkeren Ausprägung der Administrierung der DIS-Schiedsgerichtsbarkeit[251] ist in § 10 I 1 der Neufassung der DIS-SR 1998 nunmehr vorgesehen, daß eine Widerklage wie eine Klage bei einer DIS-Geschäftsstelle einzureichen ist. Auch ansonsten verweist § 10 I 2 DIS-SR für die Erhebung der Widerklage auf die Vorschriften zur Einleitung des schiedsrichterlichen Verfahrens. Damit ist der notwendige Inhalt der Widerklageschrift vorgeschrieben.

Nicht geregelt ist allerdings, welcher Zusammenhang zwischen Klage und Widerklage für deren Zulässigkeit bestehen muß und in welchen zeitlichen Grenzen sie erhoben werden kann. Hier wird den Schiedsrichtern gem. § 10 II DIS-SR ein sehr weiter Beurteilungsspielraum zugewiesen, wonach das Schiedsgericht über die Zulässigkeit der Widerklage entscheidet. Sicherlich wird dies regelmäßig zu pragmatisch sinnvollen Entscheidungen führen, dennoch birgt das vollständige Fehlen von sachlichen und zeitlichen Vorgaben die Gefahr sehr unterschiedlicher Entscheidungen verschiedener Schiedsgerichte in sich. Für die UNCITRAL-SR, die gerade durch sehr ausführliche und genaue Verfahrensregelungen geprägt sind, kann dies kein Vorbild sein.

2. ICC-Schiedsordnung

Im Gegensatz dazu scheint Art. 5 V ICC-SO eine enge zeitliche Grenze für die Erhebung der Widerklage vorzusehen. Nach dieser Regelung soll der Beklagte die Widerklage nämlich schon zusammen mit der Klageantwort einreichen. Allerdings wird einhellig vertreten, daß hierdurch die Erhebung einer Widerklage nach Klageantwort nicht ausgeschlossen sein soll[252].

---

[251] *Bredow,* Die DIS-Schiedsgerichtsordnung 1998, S. 115.

[252] *Derains/Schwartz,* A Guide to the New ICC Rules of Arbitration, S. 72f.

Vielmehr bleibt es dem Beklagten vor Abfassung der Terms of Reference[253] in jedem Fall unbenommen, eine Widerklage einzureichen. Ebenso unumstritten ist auch, daß die Widerklage auf demselben Rechtsverhältnis beruhen muß wie die Klage und durch dieselbe Schiedsvereinbarung gedeckt sein muß. Zusätzliche Voraussetzungen, wie etwa ein besonderer Sachzusammenhang, werden aber nicht gefordert[254].

Doch auch nach Unterzeichnung der Terms of Reference ist die Erhebung einer Widerklage nach der Neufassung der ICC-SO nicht mehr ausgeschlossen. Gem. Art. 19 ICC-SO ist es nunmehr Sache des Schiedsgerichts, neue Ansprüche zuzulassen, selbst wenn sie sich nicht im Rahmen des Schiedsauftrags halten. Hierbei sind die Art der Ansprüche, der Stand des Verfahrens und andere relevante Umstände in Betracht zu ziehen. Die neuen Ansprüche dürfen nur die Grenzen der Schiedsvereinbarung nicht überschreiten. Die „Guillotinewirkung" der Terms of Reference wurde also abgeschafft[255]. Andererseits wurde ihre Bedeutung auch verringert[256]. Wenn auch die größere Flexibilität des Verfahrens sicherlich zu begrüßen ist, wäre es doch wünschenswert gewesen, gewisse Grundvoraussetzungen für die Zulässigkeit der Widerklage festzuschreiben, wie z.B. den sachlichen Zusammenhang mit der Klage, um einen Entscheidungsmaßstab für das Schiedsgericht vorzugeben. Hierfür spricht auch eine größere Rechtssicherheit für die Parteien, wenn sie nach vorgegebenen Kriterien selbst beurteilen könnten, ob eine Widerklageerhebung zulässig sein wird oder nicht.

3. Schiedsregeln der Stockholmer Handelskammer

Ähnlich wie die ICC-SO sehen die SCC-SR in § 11 III vor, daß die Widerklage zusammen mit der Stellungnahme des Beklagten zur Klage eingebracht werden soll, bestimmte Angaben über den geltend gemachten

[253] siehe hierzu Einl. IV. 2.
[254] *Reiner*, ICC Schiedsgerichtsbarkeit, S. 43.
[255] *Weigand*, Die neue ICC-Schiedsgerichtsordnung 1998, NJW 1998, S. 2083.
[256] *Lionnet*, ICC Rules of Arbitration 1998, BB Beilage 13, 1997, S. 17.

Anspruch zu enthalten hat und sich auf die Schiedsvereinbarung stützen muß. Gem. § 11 I SCC-SR kann das Institut den Beklagten auffordern, Erläuterungen zu seiner Widerklage nachzureichen. Kommt er dieser Aufforderung nicht nach, so kann das Institut die Widerklage als unzulässig abweisen.

Doch auch die SCC-SR beinhalten eine Ausnahme zu obigem Grundsatz. Nach § 22 SCC-SR kann eine Partei zu einem späteren Zeitpunkt eine Widerklage erheben, wenn das Schiedsgericht deren Berücksichtigung angesichts des Zeitpunkts, an dem sie eingebracht worden ist, nicht als unpassend erachtet, oder die Berücksichtigung angesichts des Nachteils, welcher der anderen Partei entstehen könnte oder aufgrund anderer Umstände nicht als unpassend angesehen werden kann. Es geht also darum, daß durch die verspätete Erhebung der Widerklage der ordnungsgemäße Verlauf der Schiedsgerichtsverhandlung nicht negativ beeinflußt werden soll[257].

Nicht geregelt ist, ob ein sachlicher Zusammenhang zwischen Klage und Widerklage bestehen muß. Ebenso bleibt offen, ob der Kläger eine „Wider-Widerklage" erheben kann. Während § 10 III nur von der Widerklage des Beklagten spricht, ist in § 22 II von der Berechtigung einer Partei zur verspäteten Widerklageerhebung die Rede.

4. Schiedsordnung der Zürcher Handelskammer

Art. 26 S. 1 ZHK-SO regelt, daß eine Widerklage zusammen mit der Klageantwort zu erheben ist. Es ist also lediglich eine zeitliche, aber keine sachliche Einschränkung für die Zulässigkeit der Widerklage vorgesehen. Eine Widerklage ist demnach uneingeschränkt im Geltungsbereich der Schiedsabrede statthaft. Ebenso soll sie zulässig sein, wenn die Gegenpartei

[257] *Söderlund*, Verfahrensfragen im Rahmen der Internationalen Schiedsgerichtsbarkeit, BB Beilage 13, 1997, S. 18.

durch rügelose Einlassung die Zuständigkeit des Schiedsgerichts anerkennt[258].

Nach Art. 26 ZHK-SO kann eine Widerklage auch zu einem späteren Zeitpunkt erhoben werden, wenn der Kläger damit einverstanden ist. Es obliegt demnach nicht dem Schiedsgericht, über die Zulässigkeit einer verspäteten Widerklage zu entscheiden, sondern allein dem Willen des Klägers. Diese Stärkung der Parteiautonomie im Rahmen des Schiedsverfahrens ist sicherlich zu begrüßen, da das gesamte Schiedsverfahren auf einer Parteivereinbarung beruht. Andererseits wird sich in der Praxis ein Kläger sich bei der Entscheidung über sein Einverständnis mit einer verspäteten Widerklage wohl selten vom Grundsatz der Prozeßökonomie als vielmehr von prozeßtaktischen Überlegungen leiten lassen. Damit wird eine Widerklage, die nicht sofort mit der Klageerwiderung erhoben wird, in der Praxis nur selten zulässig sein.

Die ZHK-SO kann deshalb ebenfalls nur eine bedingte Vorbildfunktion für eine Überarbeitung der UNCITRAL-SR bei der Frage der Zulässigkeit einer Widerklage haben.

---

[258] *Glattfelder*, Die internationale Schiedsgerichtsbarkeit der Zürcher Handelskammer, S. 17.

5. CIETAC-Schiedsregeln

In Art. 18 I 1 der neuen CIETAC-SR ist vorgesehen, daß der Beklagte eine Widerklage innerhalb von sechzig Tagen nach Benachrichtigung des Sekretariats über die Einleitung des Schiedsverfahrens erheben kann. Das Schiedsgericht kann die Frist nach Art. 18 I 2 CIETAC-SR verlängern, wenn es dies nach den Umständen für gerechtfertigt hält. Nach der alten Fassung der CIETAC-SR, wonach eine Widerklage innerhalb der zur Klageerwiderung gesetzten Frist erhoben werden mußte, war unklar, ob dies eine spätere Widerklage ausschließt[259]. Diese Unklarheit ist nunmehr ausgeräumt.

Die Festsetzung einer zeitlichen Grenze als Grundsatz für die Widerklageerhebung hat den Vorteil, daß sowohl der Beklagte als auch das Schiedsgericht eine Vorgabe haben, an der sie sich orientieren können. Es stellt sich allerdings die Frage, warum hierfür eine eigene Frist gesetzt werden muß, anstatt die Widerklage grundsätzlich an die Frist zur Klageerwiderung zu koppeln und in Ausnahmefällen eine Verlängerungsmöglichkeit durch das Schiedsgericht vorzusehen.

Da eine sachliche Beschränkung für die Erhebung der Widerklage auch in den CIETAC-SR nicht explizit geregelt ist, wird deren Statthaftigkeit wiederum allein vom Umfang der Schiedsvereinbarung begrenzt.

---

[259] *Stricker,* Internationale Schiedsgerichtsbarkeit in der VR China, JdS 1988 (II), S. 294.

V. Zusammenfassung und Vorschläge zur Ergänzung der UNCITRAL - Schiedsregeln

Wie insbesondere auch die Rechtsprechungspraxis des Iran-U.S. Claims Tribunals gezeigt hat, treten bei der Erhebung einer Widerklage in einem Schiedsverfahren immer wieder die selben beiden Fragen auf: Welcher Zusammenhang muß zwischen der Klage und der Widerklage bestehen, und wann ist eine Widerklage verspätet?

1. Notwendiger Zusammenhang zwischen Klage und Widerklage

Der sachliche Zusammenhang wird in den UNCITRAL-SR sehr streng gehandhabt. Die geltend gemachten Ansprüche müssen aus demselben Vertrag stammen. Diese restriktive Regelung wurde schon bei der Schaffung der UNCITRAL-SR als zu eng kritisiert[260]. In allen anderen vorliegend dargestellten Schiedsordnungen finden sich hingegen keinerlei Einschränkungen bezüglich des Zusammenhangs zwischen Klage und Widerklage. Teilweise wird dies so interpretiert, daß dennoch beide auf demselben Rechtsverhältnis beruhen müssen[261]. Andererseits wird auch vertreten, daß damit jegliche Widerklage zulässig ist, solange sie von der Schiedsvereinbarung gedeckt ist[262].

Einen Mittelweg stellen die Regelungen der Tribunal Rules dar, wonach zwar nicht jeder Sachzusammenhang fehlen darf, beide geltend gemachten Ansprüche aber auch nicht aus demselben Vertrag stammen müssen. Vielmehr reicht es aus, wenn sie aus derselben Transaktion oder demselben Ereignis stammen[263]. Diese unbestimmten Rechtsbegriffe haben zwar zu vielfältigen Streitigkeiten zwischen den Parteien geführt, können aber

---

[260] siehe II.

[261] siehe IV.2.

[262] siehe IV.4.

[263] siehe III.1.

durch die Rechtsprechungspraxis des Iran-U.S. Tribunals als hinreichend konkretisiert angesehen werden[264].

Es erscheint daher nachdenkenswert, ob man Art. 19 III UNCITRAL-SR nicht insoweit auflockern sollte, als daß eine Widerklage immer dann statthaft ist, wenn die in Klage und Widerklage geltend gemachten Ansprüche in sachlichem Zusammenhang stehen. Durch eine derartige großzügigere Zulässigkeit von Widerklagen könnte stärker als bisher die Gefahr widersprüchlicher Entscheidungen unterschiedlicher Schiedsgerichte vermieden werden. Außerdem wäre es unter dem Gesichtspunkt der Prozeßökonomie von Vorteil, wenn über denselben Sachverhalt nur einmal Beweis erhoben und Sachverständigengutachten eingeholt werden müßten. Dies hätte sowohl eine Zeit-, als auch eine Kostenersparnis zur Folge.

Dieselben Argumente sprechen im übrigen auch dafür, eine sog. „Wider-Widerklage" eines Klägers grundsätzlich zuzulassen und dies ausdrücklich in Art. 19 III UNCITRAL-SR klarzustellen. Daß eine solche Klarstellung nötig ist, hat der Fall *Westinghouse vs. Iranian Air Force* vor dem Iran-U.S. Claims Tribunal gezeigt[265]. Dort räumte sogar das Tribunal trotz einer die „Wider- Widerklage" ablehnenden Entscheidung ein, daß der Grundsatz der Waffengleichheit der Parteien berührt ist, und stellte die Gleichbehandlung auf Umwegen wieder her. Einfacher ist es, die sog. „Wider-Widerklage" des Klägers von vornherein ausdrücklich zuzulassen.

2. Zeitliche Grenzen der Widerklage

Nach Art. 19 III UNCITRAL-SR ebenso wie nach den Tribunal Rules ist die Widerklage grundsätzlich gleichzeitig mit der Klageerwiderung einzureichen. Ausnahmsweise ist eine spätere Erhebung zulässig, wenn das Schiedsgericht diese Verspätung als nach den Umständen gerechtfertigt

---

[264] siehe III.2.a.
[265] siehe III.2.a.cc.

ansieht[266]. Das Iran-U.S. Claims Tribunal wertete teilweise Verspätungen von Widerklagen, die über ein Jahr nach Verfahrensbeginn erhoben wurden, als nach den Umständen gerechtfertigt. Einmal ließ das Schiedsgericht es ausreichen, daß die mündliche Verhandlung durch die Widerklage nicht verschoben werden mußte[267]. Ein anderes Mal genügte es, daß die der Widerklage zugrundeliegenden Tatsachen nahezu identisch mit denen der Klage waren, um die Verspätung zu entschuldigen[268].

Diese Beispiele zeigen, daß das Problem verspäteter Widerklagen von den Schiedsgerichten häufig sehr großzügig gehandhabt wird. Solange dies nicht zu einer Verfahrensverzögerung führt, mag diese Entscheidungspraxis aus prozeßökonomischen Erwägungen zu begrüßen sein. Es stellt sich dennoch die Frage, warum ein Beklagter über ein Jahr brauchen darf, um eine Widerklage zu erheben, wenn die zugrundeliegenden Tatsachen längst bekannt sind.

Um deshalb keinen falschen Eindruck bei einem Beklagten über die zeitlichen Möglichkeiten zur Erhebung einer Widerklage zu wecken, und um der Grundregel der Widerklageerhebung zeitgleich mit der Klageerwiderung wieder mehr Geltung zu verschaffen, wäre es sinnvoll, eine zeitliche Obergrenze für eine Verspätung festzulegen, z.B. von sechs Monaten nach Einreichung der Klageerwiderung. Innerhalb dieses Zeitraums obläge es dann dem Ermessen des Schiedsgerichts, ob die verspätete Erhebung den Umständen nach gerechtfertigt ist. Dies würde dem Schiedsgericht eine gewisse zeitliche Vorgabe geben und dazu führen, daß einer der Hauptvorteile eines Schiedsverfahrens gegenüber dem staatlichen Verfahren, nämlich die kürzere Verfahrensdauer, wieder mehr in den Vordergrund gerückt werden würde.

---

[266] siehe II. und III.1.

[267] siehe III.2.b.bb.

[268] siehe III.2.b.cc.

Vierter Teil: Verspätetes Vorbringen und Säumnis der Parteien

I. Problemstellung

Bereits bei der Erörterung der Zulässigkeit einer Widerklage im vorangegangenen Kapitel hat sich gezeigt, daß Parteien die Erhebung nicht selten deshalb verspätet vornehmen, um das Verfahren zu verzögern. Das sich in diesem Zusammenhang stellende Problem, bis zu welchem Zeitpunkt das Schiedsgericht die Widerklage zuläßt, taucht in internationalen Schiedsverfahren mit großer Regelmäßigkeit auch bei der Einreichung von Schriftsätzen und Beweisstücken nach Klageerhebung bzw. Klageerwiderung auf. Es ist dann die Frage zu beantworten, wie flexibel oder wie strikt das Schiedsgericht sich hinsichtlich der Einhaltung festgesetzter Schriftsatzfristen verhalten oder gar eine Wiedereröffnung des Verfahrens zulassen soll[269]. Aufgrund ausführlicher Regelungen in den meisten Schiedsordnungen weniger problematisch sind hingegen die Voraussetzungen der Säumnis einer Partei in der mündlichen Verhandlung und der Versäumung von Prozeßhandlungen außerhalb der mündlichen Verhandlung. In einigen Schiedsordnungen bleibt diesem Zusammenhang allerdings offen, welche Folgen die Säumnis für das Verfahren haben soll.

1. Verspätetes Vorbringen

Als Normalfall wird in internationalen Schiedsverfahren angesehen, daß die Schriftsätze der Parteien mit tatsächlichem und rechtlichem Vortrag sowie Beweisangeboten und Dokumenten in zwei „Runden" ausgetauscht werden. In umfangreicheren Verfahren werden zudem von beiden Seiten zur Vorbereitung der mündlichen Verhandlung regelmäßig sog. „Hearing Memorials" eingereicht, die den bisherigen Vortrag und die Beweisstücke zusammenfassen sollen. Wenn diese allerdings neue Argumente oder

[269] *Böckstiegel,* Erfahrungen als Schiedsrichter mit der UNCITRAL – Schiedsgerichts-ordnung, JdS 1990 (IV), S. 26.

insbesondere neuen tatsächlichen Vortrag und Beweisstücke enthalten, entsteht oft Streit über deren Zulässigkeit[270].

Die diesbezügliche Praxis der Schiedsgerichte ist unterschiedlich. Teilweise setzen Schiedsgerichte Schriftsatzfristen fest, bei denen von vornherein offensichtlich ist, daß sie von den Parteien nicht eingehalten werden können. Dies soll dem Zweck dienen, daß die Parteien ohne Verzögerung mit der Vorbereitung der Verhandlung beginnen. Mit der Gewährung von Verlängerungen und der Zulassung verspäteter Schriftsätze sind solche Schiedsgerichte dann regelmäßig sehr großzügig. Andere Schiedsgerichte wiederum bestimmen von Anfang an längere Schriftsatzfristen in der Hoffnung, daß somit eine Einhaltung für die Parteien in jedem Fall möglich ist[271].

Der Effektivität letzterer Vorgehensweise widerspricht aber die praktische Erfahrung im Rahmen des Iran-U.S. Tribunals. Diese zeigt, daß gegenüber einer auf ständige Verzögerung hinarbeitenden beklagten Partei eine zügige und sachgemäße Durchführung des Schiedsverfahrens nur gewährleistet werden kann, wenn das Schiedsgericht von vornherein Fristen nicht nur angemessen kurz festsetzt, sondern auch durchsetzt und Verlängerungen oder neue Schriftsätze nur in begründeten Ausnahmefällen zulässt[272].

2. Säumnis der Parteien

Ebenso wie die verspätete Vornahme von Verfahrenshandlungen außerhalb der mündlichen Verhandlung kann auch das Ausbleiben in der mündlichen Verhandlung dazu mißbraucht werden, ein Schiedsverfahren in die Länge zu ziehen. Anders als in den staatlichen Prozeßordnungen, die den Ablauf eines Versäumnisverfahrens häufig ausführlich kodifiziert haben, geht man

---

[270] *Böckstiegel,* Erfahrungen als Schiedsrichter mit der UNCITRAL Schiedsgerichtsordnung, JdS 1990 (IV), S. 26.

[271] *Redfern/Hunter,* Law and Practice of International Commercial Arbitration, S. 245.

[272] *Böckstiegel,* a.a.O., S. 27; siehe hierzu auch ausführlich III.2.

in der Schiedsgerichtsbarkeit regelmäßig pragmatischere Wege[273]. Oft sehen Schiedsordnungen die Möglichkeit einer Aktenlagenentscheidung vor, wenn der Prozeßstoff schriftsätzlich hinreichend geklärt ist. Ansonsten wird einseitig unter Berücksichtigung des bisherigen Vortrags des Säumigen verhandelt.

Nicht unumstritten ist in der internationalen Schiedsgerichtsbarkeit, welche Folgen das Schiedsgericht aus der Säumnis einer Partei ziehen kann. Anerkannt ist jedenfalls, daß der Anspruch auf rechtliches Gehör verlangt, der säumigen Partei eine hinreichende Gelegenheit zur Darlegung der Säumnisgründe zu geben[274]. Fraglich ist aber, ob die Partei mehrfach gemahnt werden muß, was in internationalen Verfahren zu erheblichen Verzögerungen führen kann und zu einer automatischen Fristverlängerung führt[275]. Nur bei ausreichender Entschuldigung sollte man hier eine Nachfrist auch dann für möglich halten, wenn sie in der Schiedsgerichtsordnung nicht ausdrücklich vorgesehen ist[276]. In jedem Fall muß das Schiedsgericht bei der Beurteilung der ausreichenden Entschuldigung und der Gewährung von Nachfristen die einmal eingeschlagene Linie im Verfahren durchhalten und darf Verzögerungen nicht willkürlich oder ungleich behandeln[277]. Dies gilt umso mehr, da es gegen in einem solchen Verfahren erlassenen Schiedsspruch regelmäßig keinen Rechtsbehelf gibt, so daß vielfach eine Überprüfung vor den staatlichen Gerichten erfolgt[278]. Diese führt bei einer Ungleichbehandlung der Parteien nicht selten zu einer Aufhebung des Schiedsspruchs, wie bereits im Rahmen der Schiedsrichterbenennung bei Mehrparteienverfahren ausführlich dargelegt[279].

---

[273] *Schlosser,* Das Recht der internationalen privaten Schiedsgerichtsbarkeit, Rn. 668.

[274] *Sanders,* Commentary on UNCITRAL Arbitration Rules, YCA 1977 (II), S. 206; *Berger,* Internationale Wirtschaftsschiedsgerichtsbarkeit, S. 331; *Rauh,* Die Schieds- und Schlichtungsordnungen der UNCITRAL, S. 98.

[275] *Berger,* a.a.O., S. 331.

[276] *Schlosser,* a.a.O., Rn. 669.

[277] *Berger,* a.a.O., S. 332.

[278] *Schlosser,* a.a.O., Rn. 668.

[279] siehe Erster Teil I. 1.

II. Regelung in den UNCITRAL - Schiedsregeln

1. Schriftsatzfristen

Art. 22 UNCITRAL-SR überträgt dem Schiedsgericht die Befugnis zu entscheiden, welche weiteren Schriftsätze außer der Klageschrift und der Klagebeantwortung von den Parteien beizubringen sind oder von ihnen vorgelegt werden können. Dazu hat das Schiedsgericht die Fristen für die Einreichung der Schriftsätze zu bestimmen. Die Vorschrift des Art. 23 UNCITRAL-SR konkretisiert dieses Recht zur Festsetzung von Schriftsatzfristen dahingehend, daß die vom Schiedsgericht bestimmten Fristen 45 Tage nicht überschreiten sollen. Nach Art. 23 S.2 UNCITRAL-SR kann das Schiedsgericht die Fristen jedoch verlängern, wenn es eine Verlängerung für gerechtfertigt erachtet.

Das Schiedsgericht hat die Fristen also nach seinem Ermessen zu bestimmen. In den ersten Entwürfen zu den UNCITRAL-SR war vorgesehen, daß auch die Parteien untereinander Fristen und Verlängerungen vereinbaren könnten. Dies wurde jedoch nicht aufrechterhalten, weil sonst das Ziel eines geordneten und straffen Verfahrens nicht gewährleistet gewesen wäre[280]. Allerdings haben die Parteien unter dem Gesichtspunkt der Gewährung rechtlichen Gehörs das Recht, nach den Umständen angemessene Fristen eingeräumt zu bekommen. Umgekehrt haben sie einen Anspruch darauf, daß sich die Gegenseite an gesetzte Fristen hält, und daß diese Fristen nicht ohne sachliche Begründung verlängert werden[281]. Bei der Fristbestimmung hat das Schiedsgericht Art. 15 UNCITRAL-SR zu berücksichtigen, wonach beide Parteien gleich zu behandeln sind[282]. Kein klarer Entscheidungsmaßstab ist allerdings dafür vorgegeben, in welchen Fällen das Schiedsgericht neue Schriftsätze und Beweisangebote einer Partei, für die es zuvor keine Frist gesetzt hat, zuzulassen hat. Hierzu hat sich aber im

---

[280] *Hof,* Commentary on the UNCITRAL Arbitration Rules, S. 156.

[281] *Aden,* Internationale Handelsschiedsgerichtsbarkeit, S. 239.

[282] *Harris International Telecommunications Inc. vs. The Islamic Republic of Iran among others,* YCA 1989 (XIV), S. 406; hierzu ausführlich III.2.b.

Rahmen des Iran - U.S. Claims Tribunals eine ausgiebige Entscheidungspraxis herausgebildet[283].

Ebenfalls nach dem ersten Entwurf von Art. 23 UNCITRAL-SR sollte die grundsätzliche Frist für die Einreichung von Schriftsätzen 30 Tage nicht überschreiten[284]. Erst in der endgültigen Fassung wurden dann 45 Tage als Maßstab festgesetzt. Doch hat sich schon bald in der Praxis gezeigt, daß selbst diese Frist jedenfalls in größeren Verfahren unrealistisch ist, und von Schiedsgerichten regelmäßig von vornherein längere Fristen angesetzt und diese bei entsprechender Rechtfertigung auch verlängert werden[285].

Schließlich regelt Art. 24 III UNCITRAL-SR zur Einreichung von Beweisstücken durch eine Partei, daß das Schiedsgericht, wenn es von sich aus eine Partei zur Vorlage von Schrift- und Beweisstücken auffordert, hierfür eine Frist zu bestimmen hat.

2. Säumnis der Parteien

In Art. 28 UNCITRAL-SR sind vier Fälle der Säumnis der Parteien normiert. Art. 28 I 1 UNCITRAL-SR regelt den eher seltenen Fall, daß der Kläger nach Mitteilung über die Anrufung des Schiedsgerichts (Art. 3 UNCITRAL-SR) nicht oder nicht rechtzeitig seine Klageschrift einbringt, ohne hierfür ausreichende Gründe angeben zu können. Hier ist auf Art. 34 II UNCITRAL-SR zu verweisen, wonach das Schiedsgericht durch Beschluß das Verfahren einstellen kann. Die Parteien sind davon aber vorher in Kenntnis zu setzen[286]. Es ist anerkannt, daß dies keine Klageablehnung darstellt[287]. Vielmehr bleibt es dem Kläger unbenommen, über eine neue Klageerhebung eine Sachentscheidung zu suchen. Es muß

---

[283] siehe hierzu III.

[284] *Hof,* Commentary on the UNCITRAL Arbitration Rules, S. 156.

[285] *Böckstiegel,* Erfahrungen als Schiedsrichter mit der UNCITRAL Schiedsgerichtsordnung, JdS 1990 (IV), S. 26.

[286] *Strohbach,* Arbitrage ad hoc, S. 45.

[287] *Schlosser,* Das Recht der internationalen privaten Schiedsgerichtsbarkeit, Rn. 669.

aber davon ausgegangen werden, daß das einmal konstituierte Schiedsgericht seine Funktion eingebüßt hat, so daß das Benennungsverfahren noch einmal durchgeführt werden muß. Interessen des Beklagten stehen dem nicht entgegen, da ihm vor Klagezustellung regelmäßig noch keine Kosten entstanden sind[288].

Der zweite Fall der Säumnis wird in Art. 28 I 2 UNCITRAL-SR geregelt, nämlich die Nichtbeantwortung der Klageschrift durch den Beklagten. Gibt es hierfür keine ausreichende Begründung, so beschließt das Schiedsgericht die Fortsetzung des Verfahrens. Damit ist allerdings nicht gesagt, welche Folgen die verschuldete Säumnis des Beklagten hat. Denkbar wäre es, daß der Beklagte in diesem Fall mit seinem Vorbringen in der mündlichen Verhandlung nicht mehr gehört wird. Wenn keine mündliche Verhandlung stattfindet, könnte folglich das Schiedsgericht nach Lage der Akten, d.h. nur aufgrund des klägerischen Vortrags, einen Schiedsspruch erlassen[289]. Dabei dürfte die Säumnis des Beklagten aber nicht ohne weiteres als Zugeständnis der mit der Klage erhobenen Ansprüche angesehen werden[290].

In Art. 28 II UNCITRAL-SR wird als dritter Fall der Säumnis die unentschuldigte Nichtteilnahme einer ordnungsgemäß geladenen Partei an der Verhandlung geregelt. Danach kann das Schiedsgericht das Verfahren fortsetzen, d.h. die anwesende Partei kann ihren Standpunkt vortragen und Zeugen können gehört werden. Das Schiedsgericht kann aber auch den Verhandlungstermin vertagen[291].

Schließlich normiert Art. 28 III UNCITRAL-SR als vierten Fall der Säumnis das unentschuldigte Versäumnis einer Partei, der vom Schiedsgericht gegebenen Aufforderung zur Vorlage weiterer schriftlicher Beweisstücke nachzukommen. Hier wird festgelegt, daß das Schiedsgericht

---

288 *Aden,* Internationale Handelsschiedsgerichtsbarkeit, S. 245.

289 *Sanders,* Commentary on UNCITRAL Arbitration Rules, YCA 1977 (II), S. 206.

290 *Strohbach,* Arbitrage ad hoc, S. 45.

291 *Sanders,* a.a.O., S. 207.

den Schiedsspruch aufgrund der ihm vorliegenden Beweisergebnisse erlassen und damit auf die angeforderten weiteren Beweise verzichten soll.

III. Regeln und Schiedssprüche des Iran – U.S. Claims Tribunals

1. Die Regeln des Tribunals

Die Regelungen über weitere Schriftsätze in Art. 22 Tribunal Rules und über die Säumnis der Parteien in Art. 28 Tribunal Rules blieben unverändert gegenüber den UNCITRAL-SR. Lediglich in einer Anmerkung wurde jeweils klargestellt, daß der im Gesetzestext verwendete Begriff „Parteien" die Parteien des Schiedsverfahrens meint.

Eine Änderung hat hingegen die Höchstgrenze der Schriftsatzfrist gem. Art. 23 Tribunal Rules erfahren, die vom Schiedsgericht grundsätzlich nicht überschritten werden soll. Sie wurde von 45 auf 90 Tage ausgedehnt. Wie bereits dargestellt, wird die kürzere Frist der UNCITRAL-SR als unrealistisch zumindest für größere Verfahren angesehen[292], so daß eine Verlängerung für die Verfahren im Rahmen des Iran – U.S. Claims Tribunals nahe lag.

2. Ausgewählte Schiedssprüche

Auffällig ist, daß bislang – soweit veröffentlicht – kein Schiedsspruch des Iran – U.S. Claims Tribunals ergangen ist, dem die Säumnis einer Partei im Sinne von Art. 28 Tribunal Rules zugrunde lag. Hingegen gibt es eine Vielzahl von Schiedssprüchen zum verspäteten Vorbringen der Parteien, von denen nachfolgend eine Reihe vorgestellt werden soll. Dies mag mit den unterschiedlichen Rechtsfolgen für eine auf Verzögerung taktierende Partei zusammenhängen. Bei unentschuldigter Nichtbeantwortung der Klageschrift oder Ausbleiben in der Verhandlung kann das Verfahren fortgesetzt werden und ein Schiedsspruch ergehen, gegen den es keinen Einspruch gibt, der das Verfahren wieder in das Stadium vor der Säumnis versetzen würde. Hingegen besteht bei einer verzögerten Einreichung von Schriftstücken und Beweisen die nicht unwahrscheinliche Möglichkeit, daß

[292] siehe II.1.

das Schiedsgericht einer Fristverlängerung und einer Zulassung der Dokumente trotz Verspätung zustimmt, wie einige der folgenden Entscheidungen zeigen werden.

a. *Iran National Airlines Company vs. The Government of the United States of America, 30. November 1987*[293]

Die Klägerin verlangte von der Beklagten die Zahlung verschiedener Flüge, die sie in der Zeit von 1965 bis 1979 für die amerikanische Luftwaffe erbracht hatte. Die Beklagte erwiderte, daß die Mehrzahl der Ansprüche bereits verwirkt sei, da die Klage erst 1982 eingereicht worden sei und viele Verfahrensordnungen eine formelle Verwirkung des Klagerechts bereits nach fünf Jahren vorsähen. Hiergegen wandte die Klägerin ein, daß in den Tribunal Rules keine formelle Verwirkung des Klagerechts geregelt sei und im übrigen eine Verwirkung jeweils durch die Rechnungsstellung und Mahnung der einzelnen Forderungen ausgeschlossen sei[294].

Das Tribunal erkannte an, daß die Vorschriften anderer Verfahrensordnungen durchaus für die Frage einer formellen Verwirkung des Klagerechts herangezogen werden könnten, auch wenn die Tribunal Rules explizit eine solche nicht vorsehen würden, da es sich hierbei um einen anerkannten Prozeßrechtsgrundsatz handeln würde. Allerdings sei vorliegend die handelsrechtliche Natur der zugrundeliegenden Rechtsgeschäfte zu berücksichtigen, so daß dieser Grundsatz nicht ohne weiteres Anwendung finden könne. Vielmehr käme es entscheidend darauf an, ob die späte Erhebung der Klagen unter Berücksichtigung der Art der geschäftlichen Beziehungen zwischen Klägerin und Beklagten gerechtfertigt war oder nicht. Gerade in wirtschaftlichen Beziehungen sei es aber üblich, Aufzeichnungen und Dokumente über Transaktionen nach gewisser Zeit zu vernichten, wenn sich hierüber kein Streit zwischen den

---

293 Award in Case No. B8 (333-B8-2), YCA 1989 (XIV), S. 336 ff.

294 a.a.O. (Fn. 293), S. 337.

Parteien entwickelt hat. Die nationalen amerikanischen Vorschriften sähen hierfür eine Frist von sechs Jahren vor. Die Klägerin hätte also bei der Erhebung einer Klage vor einem amerikanischen Gericht damit rechnen müssen, daß eine solche nur bis sechs Jahre nach Erbringung der Leistung zulässig gewesen wäre. Im Gegenzug hätte die Beklagte nicht mit einer späteren Klageerhebung rechnen müssen[295].

Nach dem Grundsatz eines fairen Verfahren sah es das Schiedsgericht deshalb als notwendig an, die Klage lediglich in Bezug auf die Forderungen zuzulassen, die sich auf Leistungen der Klägerin gründeten, die weniger als sechs Jahre zurücklagen.

b. *Harris International Telecommunications, Inc. vs. The Islamic Republic of Iran among others, 2. November 1987*[296]

Der Fall *Harris* kann als grundlegend in Sachen verspätetes Vorbringen einer Partei gewertet werden, da sich das Schiedsgericht in der Begründung des Schiedsspruchs nahezu schulbuchmäßig mit der Problematik auseinandergesetzt hat.

Der Klage lag ein Vertrag zugrunde, der Teil des sog. „IBEX“ – Programms zur Modernisierung und Erweiterung iranischer elektronischer Militärsysteme war. Die Klägerin verlangte Schadensersatz wegen Vertragsbruchs der Beklagten. Allerdings wurden nicht alle notwendigen Dokumente zur Begründung des Anspruchs mit der Klage eingereicht, sondern etliche davon noch während des laufenden Verfahrens. Das Tribunal ließ diese Unterlagen nur unter dem Vorbehalt einer endgültigen Entscheidung über das späte Vorbringen zu[297]. In diesem Zusammenhang mußte sich das Schiedsgericht also im Schiedsspruch mit der Frage

---

[295] Award in Case No. B8 (333-B8-2), YCA 1989 (XIV), S. 337.

[296] Partial Award in Case No. 409 (323-409-1), YCA 1989 (XIV), S. 405 ff.

[297] a.a.O. (Fn. 296), S. 406.

befassen, welche Maßstäbe für das verspätete Vorbringen einer Partei anzulegen sind.

Ausgangspunkt für die Entscheidung des Tribunals war der Wortlaut der Tribunal Rules. Es befand, daß sich aus der Zusammenschau von Art. 22, 23 und 28 III Tribunal Rules eine Ermächtigung für das Schiedsgericht ergäbe, zeitliche Grenzen für die Einreichung von Schriftstücken festzusetzen. Dabei müßten beide Parteien unter Berücksichtigung von Art. 15 Tribunal Rules, der eine Gleichbehandlung der Parteien verlangt, dieselben Möglichkeiten und Grenzen zur Einreichung und Erwiderung von Schriftsätzen haben.

Bereits in früheren Entscheidungen habe das Tribunal gefordert, daß ein Schriftstück nicht erst während der mündlichen Verhandlung oder kurz vorher in das Verfahren eingeführt werden soll, so daß die Gegenpartei keine angemessene Möglichkeit mehr hat, darauf zu reagieren[298]. Außerdem erfordere ein ordnungsgemäßer Verfahrensablauf die Festlegung von Fristen, deren Einhaltung durch die Parteien vom Schiedsgericht beachtet werden müsse.

Bei der Übertragung dieser Grundsätze auf den konkreten Fall müsse das Schiedsgericht die Art und den Inhalt der verspätet eingereichten Dokumente sowie die Dauer und die Ursache der Verspätung beachten. Dabei sei die Gleichbehandlung der Parteien und die Unterbrechungsdauer des schiedsgerichtlichen Verfahrens aufgrund der Verspätung zu berücksichtigen. So sei es wahrscheinlich, daß das verspätete Vorbringen neuer Tatsachen und Beweise dazu geeignet ist, den Verfahrensablauf zu verzögern. In Art. 24 I Tribunal Rules, der den Parteien die Darlegungslast für die ihnen günstigen Tatsachen auferlegt, sei hineinzulesen, daß diese Darlegung so rechtzeitig erfolgen müsse, wie vom Schiedsgericht in der

---

[298] Partial Award in Case No. 409 (323-409-1), YCA 1989 (XIV), S. 407 mit Verweis auf *Sylvania Technical Systems, Inc. vs. Government of the Islamic Republic of Iran*, Award No. 180-64-1 (27. Juni 1985) und *Questech, Inc. vs. Ministry of National Science of the Islamic Republic of Iran*, Award No. 191-59-1 (25. September 1985).

Fristsetzung vorgegeben, damit der Gegner angemessen darauf reagieren könne[299].

Handele es sich bei den eingereichten Unterlagen hingegen nur um eine Zusammenfassung der bereits vorgetragenen Tatsachen und Beweise, so spräche nichts dagegen, diese auch noch kurz vor der mündlichen Verhandlung zuzulassen. Dabei reiche die Bezeichnung als „Zusammenfassung" allerdings nicht aus, wenn sich hierin versteckt neue Tatsachen oder Beweise befänden[300].

Schließlich seien die von der Partei vorgebrachten Gründe, die das verspätete Vorbringen erklären oder entschuldigen sollen, vom Schiedsgericht eingehend zu untersuchen. Ohne eine solche Erklärung der Partei solle ein verspätetes Vorbringen keinesfalls geduldet werden, weil sonst ein geordnetes Verfahren nicht gewährleistet sei[301].

c. *Watkins – Johnson Company among others vs. The Islamic Republic of Iran among others, 28. Juli 1989*[302]

Die Ansprüche, die die Klägerin in dem Fall *Watkins – Johnson vs. The Islamic Republic of Iran* geltend machte, basierten ebenfalls auf einem Vertrag im Rahmen des bereits oben erwähnten sog. „IBEX" - Projekt[303]. Die Klägerin hatte elektronische Kommunikationsmittel geliefert und die dazugehörigen Dienstleistungen zur Verfügung gestellt. Sie verlangte hierfür Zahlung von der Beklagten. Kurz vor der mündlichen Verhandlung reichte die Klägerin eine „Ergänzung und Zusammenfassung der Beweise" ein, die zusätzliches Vorbringen zur Klage enthielt. Sie begründete dies mit dem Verhalten der Beklagten, die kurze Zeit vorher ein Schriftstück einreichte, das ebenfalls einen neuen Tatsachenvortrag enthalten sollte. Das

---

299 Partial Award in Case No. 409 (323-409-1), YCA 1989 (XIV), S. 408.

300 a.a.O. (Fn. 299), S. 408 f.

301 a.a.O. (Fn. 299), S. 409.

302 Award in Case No. 370 (429-370-1), YCA 1990 (XV), S. 220 ff.

303 siehe III.2.b.

Schiedsgericht behielt sich in der mündlichen Verhandlung eine Entscheidung über die Zulässigkeit dieser beiden verspätet vorgebrachten Schriftstücke für den Schiedsspruch vor[304].

Letztlich traf das Schiedsgericht ein pragmatisches Urteil. Da der Inhalt beider Dokumente keinen Einfluß auf die Entscheidung in der Sache habe, brauche das Schiedsgericht auch nicht darüber befinden, ob sie im Verfahren zugelassen werden können oder nicht[305]. Das Problem des verspäteten Vorbringens einer Partei wird folglich nur dann virulent, wenn die neuen Tatsachen oder Beweise auch entscheidungserheblich sind.

d. *Ninni Ladjevardi vs. The Government of the Islamic Republic of Iran, 8. Dezember 1993*[306]

Die Klägerin erhob im November 1981 wegen Enteignung ihres Gesellschaftsanteils an einer iranischen Textilfabrik Klage auf Zahlung von 10.248.500 US$ gegen die Beklagte. Die Beklagte wandte u.a. ein, daß es schon an der Zuständigkeit des Tribunals fehle, weil die Klägerin neben der amerikanischen auch die iranische Staatsbürgerschaft habe. Das Tribunal ordnete an, daß neue Beweise nur bis zwei Monate vor der mündlichen Verhandlung in das Verfahren eingeführt werden dürften. Dennoch legte die Klägerin erst bei der mündlichen Verhandlung im März 1993, also mehr als elf Jahre nach Klageerhebung, als Beweismittel für ihre alleinige amerikanische Staatsbürgerschaft, Fotografien ihrer Hochzeit mit einem Amerikaner vor. Die Beklagte wiederum reichte mehrere Briefe als Beweis ein, von denen sie behauptete, die Klägerin habe sie an ihre Mutter geschrieben[307]. Was hierdurch bewiesen werden sollte, geht aus dem Schiedsspruch nicht hervor, aber es ist anzunehmen, daß die Behauptung der alleinigen amerikanischen Staatsbürgerschaft der Klägerin erschüttert

---

[304] Award in Case No. 370 (429-370-1), YCA 1990 (XV), S. 223.

[305] a.a.O. (Fn. 304), S. 224.

[306] Award in Case No. 118 (553-118-1), YCA 1995 (XX), S. 454 ff.

[307] a.a.O. (Fn. 306), S. 454.

werden sollte. Das Schiedsgericht hatte somit in beiden Fällen über die Zulässigkeit des verspäteten Vorbringens beider Parteien zu entscheiden.

Zunächst verwies das Tribunal auf die grundlegenden Darlegungen im Fall *Harris*[308] und betonte nochmals, daß die Parteien bei der Fristsetzung für die Einreichung von Schriftstücken und Beweisen gleich und fair zu behandeln seien. Es wies auf seine Anordnung hin, daß neue Beweise nur bis zwei Monate vor der mündlichen Verhandlung in das Verfahren eingeführt werden dürften. Damit könnten die Fotografien der Klägerin nicht mehr als Beweismittel zugelassen werden, insbesondere da es auch an jeglicher hinreichend Entschuldigung für die Verspätung fehle. Auch die Briefe, die die Beklagte während der mündlichen Verhandlung vorbrachte, seien dieser schon während der Abfassung des letzten Schriftsatzes vor der mündlichen Verhandlung vorgelegen. Somit sei offensichtlich, daß dieses späte Vorbringen ebenfalls ein rein prozeßtaktisches Vorgehen sei, damit der Gegner in der mündlichen Verhandlung keine Zeit mehr habe, um angemessen darauf zu reagieren. Deshalb seien aus Gründen der fairen Prozeßführung und der Gleichbehandlung der Parteien sowohl das späte Vorbringen der Klägerin als auch das der Beklagten zurückzuweisen[309].

e. *Catherine Etezadi vs. The Government of the Islamic Republic of Iran, 23. März 1994*[310]

Die Klage wurde am 15. Januar 1982 erhoben. Darin verlangte die Klägerin von der Beklagten Zahlung von US$ 629.393 als Entschädigung für die Enteignung von Grundstücken und Anteilen an einer iranischen Gesellschaft durch die iranische Regierung. Die mündliche Verhandlung in dieser Sache fand am 20. und 21. September 1993 statt. Das Schiedsgericht hatte den Parteien jeweils eine angemessene Frist zur Einreichung von Schriftstücken und Beweisen gewährt. Am 7. September 1993 reichte die

[308] siehe III.2.b.

[309] Award in Case No. 118 (553-118-1), YCA 1995 (XX), S. 455.

[310] Award in Case No. 319 (554-319-1), YCA 1995 (XX), S. 516 ff.

Klägerin eine korrigierte englische Übersetzung des Protokolls einer Vorstandssitzung der iranischen Gesellschaft vom 14. Oktober 1977 ein. Die iranische Fassung des Protokolls war bereits der Klageschrift beigefügt gewesen. Am 16. September reagierte die Beklagte darauf mit einer eigenen englischen Übersetzung des Protokolls. Zudem reichte sie einen Tag später die englische und persische Fassung der Gesellschaftssatzung ein. Schließlich legte die Beklagte am Ende der mündlichen Verhandlung neben einem Diagramm zu den Gesellschafterverhältnissen noch weitere Dokumente vor, aus denen sich die Enteignung der Gesellschaftsanteile ergeben sollten[311].

Das Schiedsgericht stand also wiederum vor der Frage, welche dieser nach Ablauf der Schriftsatzfrist eingereichten Dokumente es noch in dem Verfahren zulassen sollte. Zunächst betonte das Tribunal, daß es der allgemeinen Übung der verschiedenen Kammern des Iran – U. S. Claims Tribunals entspräche, neue Schriftstücke nach Ablauf der jeweiligen Schriftsatzfrist nur dann zuzulassen, wenn außerordentliche Umstände dies rechtfertigen würden und die Einreichung nicht später als zwei Monate vor der mündlichen Verhandlung erfolgt sei. Beide Voraussetzungen wären für die englische Übersetzung des Protokolls der Vorstandssitzung nicht erfüllt. Auch für die Dokumente, welche die Klägerin während der mündlichen Verhandlung vorgelegt habe, fehle es an jeglicher hinreichender Entschuldigung für das verspätete Vorbringen. Sie könnten deshalb ebenfalls nicht berücksichtigt werden. Einzig das Diagramm zu den Gesellschafterverhältnissen könne zugelassen werden, da es keinen neuen Tatsachen- oder Beweisvortrag enthalte, sondern lediglich eine überblicksartige Zusammenfassung der schon vorgebrachten Argumente der Klägerin darstelle[312].

---

[311] Award in Case No. 319 (554-319-1), YCA 1995 (XX), S. 516 f.
[312] a.a.O. (Fn. 311), S. 518.

f. *Edgar and Eric Protiva vs. The Government of the Islamic Republic of Iran, 14. Juli 1995*[313]

Die Kläger verlangten von der iranischen Regierung Entschädigung für die Enteignung von Grundstücken und Bankguthaben, die sie kurz zuvor von ihrem Vater geerbt hatten. Um ihre Erbschaftsangelegenheiten zu regeln, hatten sie vor der Enteignung einen iranischen Rechtsanwalt beauftragt. Das Schiedsgericht hatte angeordnet, daß neues Vorbringen der Parteien bis spätestens drei Monate vor der mündlichen Verhandlung zulässig sei. Zwei Tage vor der Verhandlung beantragte die Beklagte, eine eidesstattliche Versicherung des iranischen Anwalts, der die Erbschaftssachen regeln sollte, aus Beweiszwecken zuzulassen. Ihr verspätetes Vorbringen entschuldigte die Beklagte damit, daß eine vorherige Kontaktaufnahme mit dem Anwalt aufgrund dessen Verschwiegenheitspflicht aus dem Mandatsverhältnis mit den Klägern nicht möglich gewesen sei [314].

In seiner Entscheidung über die Zulassung der eidesstattlichen Versicherung verwies das Tribunal wiederum auf die im Fall *Harris*[315] aufgestellten Grundsätze, wonach Schriftsatzfristen grundsätzlich einzuhalten seien und es die Gleichbehandlung und Fairness gegenüber den Parteien gebiete, nur in besonders begründeten Ausnahmefällen verspätetes Vorbringen zuzulassen. Vorliegend sei die Verzögerung aber nicht ausreichend entschuldigt. Denn an die Verschwiegenheitspflicht sei allein der Anwalt gebunden, nicht aber die Beklagte. Sie habe aber nicht vorgetragen, daß sie schon früher an den Anwalt herangetreten sei und sich dieser auf seine Schweigepflicht berufen habe. Die Beklagte könne nicht einfach davon ausgehen, daß er sich hierauf stützen würde. Im übrigen seien von der anwaltlichen Schweigepflicht im iranischen Recht lediglich Informationen erfaßt, die der Anwalt von seinem Mandanten erfahren hat. Nicht darunter würden aber die hier relevanten Ereignisse fallen, zu denen sich der Anwalt in der eidesstattlichen Versicherung äußerte. Das

---

[313] Award in Case No. 316 (566-316-2), YCA 1996 (XXI), S. 321 ff.

[314] a.a.O. (Fn. 313), S. 321 f.

[315] siehe III.2.b.

Vorbringen sei deshalb wegen unzureichender Entschuldigung der Verspätung nicht zu berücksichtigen[316].

g. *Dadras International among others vs. Tehran Redevelopment Company(TRC) among others, 7. November 1995*[317]

Die Kläger besaßen die Lizenzrechte im Iran für spezielle Gebäudekonstruktionen. Sie behaupteten, einen Vertrag mit TRC über diverse Architekturleistungen für ein großes Wohnbauprojekt in einem Vorort von Teheran geschlossen zu haben, in dem außerdem Zahlungen von TRC an die Kläger in Höhe von US$ 3.109.436 für bereits erbrachte Planungsleistungen vorgesehen gewesen seien. Der Vertrag sei auf Seiten der Beklagten durch den damaligen Geschäftsführer von TRC unterzeichnet worden. Die Beklagten wandten dagegen ein, daß der Geschäftsführer den Vertrag nie unterzeichnet hätte und daß es sich bei dem vorgelegten Dokument um eine Fälschung handeln würde. Mehr als ein Jahr nach der mündlichen Verhandlung legten die Beklagten eine eidesstattliche Versicherung des Geschäftsführers vor, in der dieser bestätigte, daß es niemals zu einem Vertragsschluß gekommen und seine Unterschrift gefälscht sei. Als Entschuldigung für das verspätete Vorbringen trugen die Beklagten vor, daß ihr ehemaliger Geschäftsführer in einem anderen Verfahren ihr Prozeßgegner gewesen sei und sie deshalb vor Beendigung dieser Sache nicht annehmen konnten, daß er mit ihnen für das vorliegende Verfahren zusammenarbeiten würde[318].

In seinen Entscheidungsgründen betonte das Schiedsgericht zunächst, daß es der Praxis sämtlicher Kammern des Iran – U.S. Claims Tribunals entspräche, verspätetes Vorbringen der Parteien nur in engen Ausnahmefällen zuzulassen. Zu berücksichtigende Kriterien seien dabei die gleiche und faire Behandlung der Parteien, die Auswirkungen auf die

---

[316] Award in Case No. 316 (566-316-2), YCA 1996 (XXI), S. 323 f.

[317] Award in Cases Nos. 213 / 215 (567-213 / 215-3), YCA 1997 (XXII), S. 504 ff.

[318] a.a.O. (Fn. 317), S. 504 ff.

Verfahrensdauer, der Grund für die Verspätung sowie das bisherige Verhalten der Parteien im Prozeßverlauf. Bei deren Anwendung auf den vorliegenden Fall sei einerseits zu bedenken, daß durch die neu vorgebrachte Behauptung der gefälschten Unterschrift und die entsprechenden Beweisangebote der Verfahrensverlauf enorm verzögert werde. Außerdem sei die Erklärung der Beklagten für die Verzögerung nicht als ausreichende Entschuldigung anzusehen, da es sich bei der vermuteten mangelnden Kooperationsbereitschaft des Zeugen um eine bloße Spekulation der Beklagten handeln würde. Unter normalen Umständen würde diese ungenügende Entschuldigung und die umfangreiche Verfahrensverzögerung dazu führen, daß das Schiedsgericht das verspätete Vorbringen, das ein Jahr nach der mündlichen Verhandlung erfolgt ist, zurückweisen würde.

Andererseits müßte vorliegend aber besonders berücksichtigt werden, daß es sich bei demjenigen, der die vorgelegte eidesstattliche Versicherung abgegeben hat, um den Unterzeichnenden des vorliegend im Streit stehenden Vertrags handle. Das Beweisangebot habe also in höchstem Maße streitentscheidende Bedeutung. Deshalb käme das Schiedsgericht nicht umhin, trotz der oben erwähnten Bedenken das verspätete Vorbringen zuzulassen. Das Tribunal betonte aber, daß eine sehr außergewöhnliche und wahrscheinlich einmalige Situation vorliege und die Entscheidung nicht als Präzedenzfall gewertet werden solle[319].

[319] Award in Cases Nos. 213 / 215 (567-213 / 215-3), YCA 1997 (XXII), S. 508 f.

IV. Vergleich mit anderen Schiedsordnungen

1. DIS - Schiedsregeln

Hinsichtlich des verspäteten Vorbringens der Parteien sieht § 31 DIS-SR vor, daß das Schiedsgericht eine Frist setzen kann, sobald die Parteien nach seiner Überzeugung ausreichend Gelegenheit zum Vorbringen hatten. Nach Ablauf der Frist kann das Schiedsgericht neuen Sachvortrag zurückweisen. Für beide Parteien ist daher der Zeitpunkt, nach dem neue Tatsachen und Beweise vom Schiedsgericht nicht mehr berücksichtigt werden müssen, der gleiche. Allerdings gibt es keinen Maßstab für das Schiedsgericht, wie lange diese Frist zu bemessen ist, so daß die Gefahr eines ausufernden Verfahrens droht. Außerdem ist nicht vorgesehen, ob das Schiedsgericht das verspätete Vorbringen bei hinreichender Entschuldigung der Verspätung zuzulassen hat. Vielmehr ist dem Schiedsgericht bei der Beendigung des Erkenntnisverfahrens ein sehr weites Ermessen eingeräumt.

Die weiteren Regelungen zur Säumnis einer Partei ähneln denen der UNCITRAL-SR. So kann das Schiedsgericht nach § 30 I DIS-SR im Fall der fehlenden Klageerwiderung des Beklagten innerhalb der gem. § 9 DIS-SR vom Schiedsgericht festzusetzenden Frist das Verfahren fortsetzen, ohne daß die Säumnis als solche als Zugeständnis der Behauptungen des Klägers zu behandeln ist. Allerdings ist wiederum kein Maßstab für die Dauer der vom Schiedsgericht festzulegenden Frist für die Klageantwort vorgesehen. Für die Säumnis bei der mündlichen Verhandlung oder bei einer Schriftsatzfrist gilt nach § 30 II DIS-SR, daß das Schiedsgericht das Verfahren fortsetzen und den Schiedsspruch nach den vorliegenden Erkenntnissen erlassen kann. § 30 III 1 DIS-SR sieht schließlich ausdrücklich vor, daß alle eben dargestellten Fälle der Säumnis außer Betracht bleiben, wenn sie nach Überzeugung des Schiedsgerichts genügend entschuldigt sind. Im übrigen können die Parteien nach § 30 III 2 DIS-SR über die Folgen der Säumnis andere als die von der DIS-SR vorgesehenen vereinbaren, also die Säumnis etwa als Zugeständnis der Behauptungen der anderen Partei behandeln.

2. ICC - Schiedsordnung

Die ICC-SO verlangen dagegen insbesondere seit ihrer Neufassung einen sehr straffen Verfahrensablauf. Der Beklagte hat nach Art. 5 I ICC-SO eine Klageantwort binnen einer Frist von 30 Tagen ab Zustellung der Klage einzureichen. Allerdings kann die Frist gem. Art. 5 II ICC-SO verlängert werden, so daß sie in der Praxis als „ziemlich stumpfes Schwert“[320] kritisiert wird.

Außerdem hat das Schiedsgericht nach Art. 18 I ICC-SO einen Schiedsauftrag[321] zu formulieren, der von den Parteien zu unterzeichnen ist. Sind die Parteien im Hinblick auf diese Pflicht säumig, ist der Schiedsauftrag gem. Art. 18 III ICC-SO dem Gerichtshof zur Genehmigung vorzulegen und anschließend das Verfahren fortzusetzen. Daneben hat das Schiedsgericht nach Art. 18 IV ICC-SO einen Zeitplan zu erstellen, nach welchem es das Schiedsverfahren zu führen gedenkt. Diese nunmehr ausdrücklich festgelegte Pflicht des Schiedsgerichts, das Verfahren zügig und aktiv zu planen, soll vor allem den erzieherischen Effekt haben, daß sich die Schiedsrichter frühzeitig mit dem Streitstoff vertraut machen müssen. Auf diese Weise können die Schiedsrichter den voraussichtlichen Zeitbedarf besser abschätzen. Überdies zwingt es auch die Parteien, das weitere Verfahren möglichst genau zu planen, weil sie frühzeitig die Grenzen für weiteres Vorbringen kennen[322].

In diesem Zusammenhang ist auch die neuartige Vorschrift des Art. 22 ICC-SO zu erwähnen, wonach das Schiedsgericht das Verfahren für geschlossen zu erklären hat, sobald die Parteien nach seiner Überzeugung ausreichend Gelegenheit zum Vorbringen hatten. Hiernach können keine Schriftsätze mehr eingereicht, Erklärungen abgegeben oder Beweise erbracht werden. Wenn das Schiedsgericht also den Parteien eine

[320] *Nerz,* Vor- und Nachteile eines Schiedsverfahrens nach der ICC-SO, RIW 1990, S. 351.

[321] hierzu näher Einleitung IV.2. am Ende.

[322] *Weigand,* Die neue ICC-Schiedsgerichtsordnung 1998, NJW 1998, S. 2083.

entsprechende Frist für weiteren, letzten Vortrag gesetzt hat, so ist sie als Ausschlußfrist anzusehen[323]. Das danach eingehende Vorbringen muß gem. Art. 22 I 2 ICC-SO ausdrücklich zugelassen werden, um noch im Verfahren verwertet werden zu können. Dieses „Closing“ des Erkenntnisverfahrens hat sich zur Verfahrensstraffung in der Praxis der Schiedsgerichtsbarkeit sehr bewährt[324].

Für die nicht ausreichend entschuldigte Säumnis einer Partei in der mündlichen Verhandlung räumt Art. 21 II ICC-SO dem Schiedsgericht die Befugnis ein, dennoch die mündliche Verhandlung durchzuführen.

Schließlich sieht Art. 32 I ICC-SO vor, daß die Parteien die in der Schiedsgerichtsordnung vorgesehenen Fristen wie etwa die oben erwähnte Klageerwiderungsfrist durch Vereinbarung nur verkürzen, nicht aber verlängern können. Eine Verlängerung ist gem. Art. 32 II ICC-SO nur durch den Gerichtshof möglich, wenn er dies für die Erfüllung seiner oder der Aufgaben des Schiedsgerichts für notwendig erachtet. Ein straffes Verfahren wird in der ICC-SO folglich als so maßgeblich eingeschätzt, daß eine Erweiterung des zeitlichen Ablaufs nicht der Disposition der Parteien unterstellt wird.

3. Schiedsregeln der Stockholmer Handelskammer

Im Gegensatz zu den weitgehend feststehenden zeitlichen Vorgaben der ICC-SO sind die meisten Fristen in den SCC-SR erst noch im jeweiligen Einzelfall festzulegen. Zuständig hierfür ist bei der Einleitung des Schiedsverfahrens zunächst das Institut. Es bestimmt gem. § 10 I SCC-SR die Frist, in welcher der Beklagte zur Einleitung des Schiedsverfahrens Stellung zu nehmen hat. Nach seiner Konstituierung setzt das Schiedsgericht dem Kläger zur Einreichung seiner Klageschrift und dem Beklagten zur Einreichung seiner Klageerwiderung jeweils eine Frist. Nicht geregelt ist allerdings, ob das Schiedsgericht auch für weiteres Vorbringen

---

[323] *Weigand,* Die neue ICC-Schiedsgerichtsordnung 1998, NJW 1998, S. 2084.
[324] *Lionnet,* ICC Rules of Arbitration 1998, BB Beilage 13, 1997, S. 17.

der Parteien oder nach Aufforderung zur Beweisvorlage nach § 26 I SCC-SR eine Frist festlegen kann.

In jedem Fall ist die Mißachtung eines Beschlusses oder einer Auflage des Schiedsgerichts, wozu auch die Fristsetzung zu zählen ist, für dieses gem. § 28 SCC-SR kein Hinderungsgrund, das Verfahren fortzusetzen und eine Entscheidung zu fällen. Dasselbe gilt für das Nichterscheinen einer Partei im Termin zur mündlichen Verhandlung ohne hinreichende Entschuldigung.

4. Schiedsordnung der Zürcher Handelskammer

Anders als die SCC-SR sind die Säumnisfolgen bei unentschuldigtem Fernbleiben einer Verhandlung nach Art. 32 I ZHK-SO relativ milde. Das Schiedsgericht kann lediglich eine neue Verhandlung anordnen und dabei Säumnisfolgen androhen. Erst bei erneuter Säumnis kann es gem. Art. 32 II ZHK-SO die von der Gegenpartei aufgestellten Behauptungen als nicht bestritten betrachten oder sogar von Amts wegen Beweis erheben.

Größere Einflußmöglichkeiten räumt die ZHK-SO hingegen bei den Schriftsatzfristen und bei verspätetem Vorbringen der Parteien ein. Hierzu regelt Art. 33 ZHK-SO, daß der Obmann nach eigenem Ermessen Fristen für Replik und Duplik setzen und aus besonderen Gründen weitere Schriftsatzwechsel anordnen kann. Nach Eingang des letzten zugelassenen Schriftsatzes bzw. dem letzten Parteivortrag ist das Hauptverfahren gem. Art. 33 II ZHK-SO abgeschlossen. Anschließend sind nach Art. 34 I ZHK-SO grundsätzlich keine neuen Behauptungen, Einreden und Bestreiten mehr zulässig.

Auch die ZHK-SO sieht also eine Art „Closing" des Erkenntnisverfahrens vor. Nur ausnahmsweise kann das Schiedsgericht in den in Art. 34 II und III ZHK-SO detailliert genannten Fällen zu einem späteren Zeitpunkt neues Vorbringen zulassen. Dies soll zum einen gelten, wenn dadurch die Rechtsstellung der Gegenpartei nicht wesentlich beeinträchtigt und das

Verfahren nicht ungebührlich verzögert wird. Zum anderen soll verspätetes Vorbringen möglich sein, wenn sich die vorgebrachten Tatsachen bereits aus den Akten des Verfahrens ergeben oder durch neu eingereichte Urkunden sofort bewiesen werden können, bei hinreichender Entschuldigung der Verspätung, bei Tatsachen und Rechtsstandpunkten, die das Schiedsgericht von Amts wegen zu beachten hat, sowie bei Behauptungen und Bestreiten als Antwort auf Fragen des Schiedsgerichts. Von diesen Regelungen können die Parteien in der Schiedsklausel auch nicht abweichen[325].

5. CIETAC - Schiedsregeln

Die CIETAC–SR schließlich enthalten nur sehr spärliche Regelungen zum verspäteten Vorbringen und zur Säumnis einer Partei. Nach Art. 17 CIETAC-SR hat der Beklagte seine Klageerwiderung mitsamt den relevanten Beweismitteln innerhalb von 45 Tagen nach Benachrichtigung über das Schiedsverfahren beim Sekretariat einzureichen. Unklar bleibt, ob und wie lange neues Vorbringen in weiteren Schriftsätzen des Klägers oder des Beklagten zulässig bleiben. Nicht geregelt ist ebenfalls, ob ein verspätetes Vorbringen entschuldigt werden kann. In Art. 21 CIETAC-SR heißt es lediglich, daß eine fehlende Klageerwiderung des Beklagten das Fortschreiten des Verfahrensablaufs nicht hindert.

Ähnlich unscharf sind die Folgen der Säumnis einer Partei in der mündlichen Verhandlung geregelt. So sieht Art. 42 CIETAC-SR für diesen Fall lediglich vor, daß das Schiedsgericht auch bei Nichterscheinen einer Partei mit dem Verfahren fortfahren und einen Schiedsspruch erlassen kann. Ob das Fernbleiben aber etwa als Zugeständnis des Vorbringens der Gegenpartei gewertet werden darf, bleibt offen.

---

[325] *Glattfelder*, Die internationale Schiedsgerichtsbarkeit der Zürcher Handelskammer, S. 13.

Insgesamt wird man sagen müssen, daß auch aufgrund dieser knappen Regelungen der gesamte Ablauf eines Verfahrens nach der CIETAC-SR und die Behandlung des verspäteten Vorbringens und der Säumnis einer Partei sehr stark in den Händen des Vorsitzenden des Schiedsgerichts liegt[326].

[326] *Stricker*, Internationale Schiedsgerichtsbarkeit in der VR China, JdS (II) 1988, S. 294.

V. Zusammenfassung und Vorschläge zur Ergänzung der UNCITRAL - Schiedsregeln

1. Schriftsatzfristen

Die in Art. 23 UNCITRAL-SR festgelegte Regelfrist für Schriftsätze hat sich in der Praxis schon bald als unrealistisch erwiesen, so daß deshalb in den Tribunal Rules für die umfangreicheren Verfahren des Iran – U.S. Claims Tribunals eine Regelfrist von 90 Tagen vorgesehen wurde[327]. Damit auch in den übrigen Schiedsverfahren nach den UNCITRAL-SR eine Verlängerung der Schriftsatzfristen nicht zur Regel wird, anstatt wie vorgesehen eine Ausnahme zu bleiben, erscheint es sinnvoll, eine entsprechend längere Regelfrist festzusetzen.

Um insgesamt aber eine Verfahrensstraffung zu erreichen, sollte dann eine durch das Schiedsgericht angeordnete Fristverlängerung nur in besonderen Ausnahmefällen möglich sein. Diese könnten ähnlich wie in Art. 34 II und III ZHK-SO[328] und angelehnt an die Vorgaben im Fall *Harris*[329] abschließend aufgezählt werden, um für das Schiedsgericht einen Entscheidungsmaßstab vorzugeben, der auch die Einschätzungsmöglichkeit der Erfolgsaussichten eines verspäteten Vorbringens für die Parteien erleichtern würde. Dabei müßten vor allem die Auswirkungen auf die Verfahrensdauer, der Grund für die Verspätung und das bisherige Verhalten der Parteien im Prozeß berücksichtigt werden. Außerdem sollte dasselbe auch für die Fälle gelten, in denen das Schiedsgericht selbst zur Vorlage von neuen Beweisen gem. Art. 24 III UNCITRAL-SR aufgefordert und hierfür eine Frist gesetzt hat.

Daneben könnte man als weiteres Mittel zur Verhinderung ausufernder Verfahren eine klare Grundregel vorgeben, ab wann keine neuen, entscheidungserheblichen[330] Tatsachen und Beweise mehr vorgetragen

---

[327] vgl. II.1. und III.1.

[328] siehe IV.4.

[329] siehe III.2.b.

[330] vgl. III.2.c. (Fall *Watkins*).

werden dürfen. Ein entsprechendes „Closing“ des Erkenntnisverfahrens hat sich sowohl nach der ZHK-SO als auch nach der ICC-SO bewährt[331]. Bei der Durchführung einer mündlichen Verhandlung sollte der maßgebliche Zeitpunkt für das letztmögliche Vorbringen zwei Monate vor der mündlichen Verhandlung liegen, damit die gegnerische Partei eine ausreichende Gelegenheit zur Erwiderung hat. Dies entspricht auch der ständigen Übung des Iran-U.S. Claims Tribunals[332].

2. Säumnis der Parteien

Im Vergleich zu anderen Schiedsordnungen werden in Art. 28 UNCITRAL-SR die denkbaren Varianten der Säumnis einer Partei sehr umfassend geregelt. Es fehlt allerdings eine Regelung darüber, welche Folgen eine verschuldete Säumnis eines Beklagten bei der Klagebeantwortung nach Art. 28 I 2 UNCITRAL-SR hat[333].

Um einen gewissen Druck auf den Beklagten auszuüben und in Fortführung des oben vorgeschlagenen „Closing“ des Erkenntnisverfahrens erscheint eine Ergänzung der Regelung dahingehend konsequent, daß der Beklagte im Fall der Säumnis mit seinem Vorbringen in der mündlichen Verhandlung nicht mehr gehört wird, wenn die Verspätung nicht ausreichend entschuldigt wird. Falls keine mündliche Verhandlung stattfindet, sollte dem Schiedsgericht bei verspätetem Tatsachenvortrag wie in Art. 28 III UNCITRAL-SR für verspäteten Beweisvortrag die ausdrückliche Befugnis eingeräumt werden, den Schiedsspruch allein aufgrund der Aktenlage, d.h. nur aufgrund des Vorbringens des Klägers erlassen zu können[334].

---

[331] vgl. IV. 2. und IV.4.

[332] siehe III.2.d. (Fall *Ladjevardi*).

[333] siehe II.2.

[334] *Aden*, Internationale Handelsschiedsgerichtsbarkeit, S. 245.

Fünfter Teil: Einstweiliger Rechtsschutz

I. Problemstellung

Die Problematik des einstweiligen Rechtsschutzes durch Schiedsgerichte ist schon seit geraumer Zeit Gegenstand eines verstärkten Interesses. In den Gebieten des Wirtschaftsrechts, in denen der einstweilige Rechtsschutz besonderes Gewicht erlangt hat und die Entscheidung in der Hauptsache an Bedeutung oft verdrängt, wie etwa im Wettbewerbsrecht oder bei Gesellschaftsverträgen, sind häufig Schiedsgerichte zur Streiterledigung aufgerufen[335].

Grund dafür, Schiedsgerichte mit der Anordnung vorläufiger Maßnahmen zu betreuen, ist neben den allgemeinen Vorzügen der Schiedsgerichtsbarkeit bei Streitigkeiten aus internationalen Verträgen vor allem der Aspekt der Prozeßökonomie. Auch bei vorläufigen Verfahren gewinnt die Sachkenntnis der Schiedsrichter besonderes Gewicht. Außerdem ist die Gefahr, daß die einstweilige Anordnung und die Entscheidung in der Hauptsache in der rechtlichen Beurteilung divergieren, erheblich geringer, als wenn die einstweilige Regelung durch ein nationales Gericht erfolgt und die Entscheidung in der Hauptsache später durch ein internationales Schiedsgericht getroffen wird[336]. Letzteres Argument wird insbesondere bei dem Problemkreis vorgebracht, ob ein internationales Schiedsgericht überhaupt Maßnahmen des einstweiligen Rechtsschutzes anordnen darf, oder ob die Parteien sich insofern an die nationalen Gerichte wenden dürfen oder sogar müssen[337].

---

[335] *Herdegen,* Einstweiliger Rechtsschutz durch Schiedsgerichte in rechtsvergleichender Betrachtung, RIW 1981, S. 304.

[336] *Nicklisch,* Instrumente der Internationalen Handelsschiedsgerichtsbarkeit zur Konfliktregelung bei Langzeitverträgen, RIW 1978, S. 638.

[337] *Böckstiegel,* Erfahrungen als Schiedsrichter mit der UNCITRAL Schiedsgerichtsordnung, JdS 1990 (IV), S. 24.

Daneben stellt sich bei vorläufigen Maßnahmen eines Schiedsgerichts regelmäßig die Frage, unter welchen Voraussetzungen diese ergehen und welche Reichweite sie haben dürfen. Es besteht nämlich das grundsätzliche Risiko, daß das einstweilige Rechtsschutzbegehren weniger als Sicherung einer späteren Zwangsvollstreckung, sondern vielmehr als Druckmittel sowie als Verzögerungstaktik verwendet werden[338].

1. Kompetenzgrundlage und Verhältnis zu staatlichen Gerichten

Es entsprach lange Zeit der herrschenden Meinung, daß staatliche Gerichte trotz Vorhandenseins eines Schiedsvertrags und selbst bei bereits eingetretener Schiedshängigkeit des Schiedsgegenstands für Maßnahmen des einstweiligen Rechtsschutzes uneingeschränkt zuständig bleiben[339]. Im deutschen Schiedsverfahrensrecht regierte sogar lange Zeit die Auffassung, daß für den Erlaß einstweiliger Anordnungen die alleinige Kompetenz bei den staatlichen Gerichten liege[340]. Begründet wurde dies hauptsächlich damit, daß vorläufige Maßnahmen von Schiedsgerichten nicht als Schiedssprüche vollstreckbar seien, sowie mit dem fehlenden Recht des Schiedsgerichts auf Abnahme eidesstattlicher Versicherungen[341].

In der Praxis allerdings ist aus den eingangs erwähnten Gründen das Bedürfnis nach schiedsgerichtlichem einstweiligen Rechtsschutz immer größer geworden. Während die UNCITRAL-SR seit jeher eine Befugnis für den Erlaß einstweiliger Maßnahmen vorsehen[342], die durch die „Inherent Powers" – Rechtsprechung des Iran-U.S. Claims Tribunals noch erweitert wurde[343], haben andere internationale Schiedsinstitutionen erst

---

[338] *Bösch,* Rechtsschutz in der internationalen Handelsschiedsgerichtsbarkeit, S.9.

[339] *Schlosser,* Das Recht der internationalen privaten Schiedsgerichtsbarkeit, Rn. 403.

[340] *Sandrock/Nöcker,* Einstweilige Maßnahmen internationaler Schiedsgerichte, JdS 1987 (I), S. 79.

[341] *Kühn,* Vorläufiger Rechtsschutz und Schiedsgerichtsbarkeit, JdS 1987 (I), S. 47 m.w.N.

[342] Art. 26 UNCITRAL-SR; siehe hierzu ausführlich II.

[343] siehe hierzu ausführlich III.2.a.

nach und nach die Notwendigkeit eines solchen Verfahrens erkannt und ihre Schiedsordnungen entsprechend ergänzt[344]. Auch im deutschen Schieds-verfahrensrecht wurde erst kürzlich in Anlehnung an Art. 17 des UNCITRAL-Modellgesetzes eine entsprechende Kompetenzgrundlage geschaffen[345].

2. Voraussetzungen und Reichweite einstweiliger Anordnungen

Daneben taucht in der schiedsgerichtlichen Praxis regelmäßig das Problem auf, unter welchen Voraussetzungen und mit welcher Reichweite eine einstweilige Maßnahme durch das Schiedsgericht erlassen werden kann. Zwar ist im Zusammenhang mit der Reform des deutschen Schiedsverfahrensrechts angeregt worden, die zulässigen Anordnungen einzeln zu benennen und das bei ihrem Erlaß zu beachtende Verfahren näher zu regeln[346]. Viele Schiedsordnungen wie auch die UNCITRAL-SR haben allerdings (bisher) darauf verzichtet, sowohl zu den Anordnungsvoraussetzungen als auch zur Zulässigkeit unterschiedlicher Maßnahmearten detaillierte Regelungen zu treffen. Statt dessen ist eine entsprechende Befugnis meist in Form einer Generalklausel niedergelegt[347].

Naheliegenderweise hat sich hierzu eine ausgiebige Rechtsprechungspraxis herausgebildet, insbesondere auch des Iran-U.S. Claims Tribunals. Es gilt daher im folgenden insbesondere, dessen vielzählige Schiedssprüche zu systematisieren und in Fallgruppen zu unterteilen, um die Voraussetzungen und den Umfang zulässiger einstweiliger Maßnahmen näher herauszukristallisieren[348].

---

344 siehe hierzu ausführlich IV.

345 *Bandel,* Einstweiliger Rechtsschutz im Schiedsverfahren, S. 11 ff.

346 *Schlosser,* Notwendige Reformen des deutschen Rechts der Schiedsgerichtsbarkeit, ZIP 1987, S. 496.

347 siehe II. zu Art. 26 UNCITRAL-SR und IV. zu weiteren Schiedsordnungen.

348 siehe III.1.

II. Regelung in den UNCITRAL - Schiedsregeln

Nach Art. 26 I UNCITRAL-SR kann das Schiedsgericht auf Antrag der einen oder der anderen Partei alle vorläufigen Maßnahmen treffen, die es in Ansehung des Streitgegenstandes für notwendig erachtet, insbesondere sichernde Maßnahmen für Waren, die den Streitgegenstand bilden, wie etwa die Anordnung ihrer Hinterlegung bei einem Dritten oder die Anordnung des Verkaufs verderblicher Waren.

Es herrscht Einigkeit darüber, daß die Aufzählung der möglichen vorläufigen Anordnungen durch das Schiedsgericht schon wegen des Wortlauts („insbesondere") nur deklaratorisch und nicht abschließend ist[349]. Ansonsten ist der Umfang der schiedsgerichtlichen Kompetenz allerdings ungeklärt. Nach verschiedenen Literaturmeinungen sollen hiervon auch die Anordnung von einstweiligen Verfügungen und der Hinterlegung von Geld[350], Maßnahmen der Beweissicherung[351] oder gar Anordnungen in sämtlichen Formen erfaßt sein, in denen einstweiliger Rechtsschutz angemessen erscheint[352]. Andererseits soll der Erlaß von Arresten[353] und Befriedigungsverfügungen[354] nicht von Art. 26 I UNCITRAL-SR gedeckt sein. Das Iran-U.S. Claims Tribunal hat der Vorschrift nach seiner „Inherent Powers"–Rechtsprechung jede beschränkende Wirkung für den Erlaß einstweiliger Maßnahmen abgesprochen[355].

Unstreitig ist hingegen trotz des insoweit ungenauen Wortlauts von Art. 26 I UNCITRAL-SR, daß sich einstweilige Maßnahmen nur gegen die am Schiedsverfahren beteiligten Parteien und nicht gegen sonstige Dritte

---

[349] *Sanders,* Commentary on UNCITRAL Arbitration Rules, YCA 1977 (II), S. 196; *Hausmanninger,* Die einstweilige Verfügung im schiedsgerichtlichen Verfahren, S. 148.

[350] *Rauh,* Die Schieds- und Schlichtungsordnung der UNCITRAL, S. 140.

[351] *Hausmanninger,* a.a.O., S. 148.

[352] *Sanders,* a.a.O., S. 196.

[353] *Aden,* Internationale Handelsschiedsgerichtsbarkeit, S. 243.

[354] *Bandel,* Einstweiliger Rechtsschutz im Schiedsverfahren, S. 30.

[355] siehe hierzu ausführlich III.2.a.

richten können, weil es hierfür an der Zuständigkeit des Schiedsgerichts fehlt[356].

Da die Anordnung gem. Art. 26 I UNCITRAL-SR durch „das Schiedsgericht" zu ergehen hat, ist damit eine einstweilige Entscheidung durch den Vorsitzenden ausgeschlossen[357]. Dies dürfte bei besonderer Eilbedürftigkeit zu unnötigen Zeitverzögerungen führen. Deshalb hat auch das Iran-U.S. Claims Tribunal in dringenden Fällen, in denen eine Entscheidung des Plenums nicht rechtzeitig herbeizuführen war, den Vorsitzenden trotz des entgegenstehenden Wortlauts von Art. 26 I UNCITRAL-SR für ermächtigt gehalten, die Zeit bis zur einstweiligen Entscheidung des vollen Schiedsgerichts durch eine Alleinentscheidung zu überbrücken[358].

Art. 26 II 1 UNCITRAL-SR sieht vor, daß die schiedsrichterlichen vorläufigen Maßnahmen in Form eines vorläufigen Schiedsspruches ergehen können. Der Vorteil der Wahl dieser Rechtsform liegt darin, daß ein vollstreckbarer Titel vorliegt[359]. Nach Art. 32 I UNCITRAL-SR ist das Schiedsgericht zwar auch berechtigt, Zwischenschiedssprüche zu erlassen. Anders als ein vorläufiger Schiedsspruch wird sich ein Zwischenschiedsspruch aber in aller Regel als vorläufige Maßnahme verbieten, weil ein solcher weiterreichende Rechtskraftwirkungen entfaltet als ein vorläufiger Schiedsspruch und sich dadurch Probleme hinsichtlich der einstweiligen Maßnahmen eigenen jederzeitigen Aufhebbarkeit ergeben[360].

---

[356] *Redfern/Hunter,* International Commercial Arbitration, S. 233.

[357] *Pirrung,* Die Schiedsverfahrensordnung der UNCITRAL, RIW 1977, S. 518.

[358] so etwa in *E-Systems vs. The Islamic Republic of Iran,* Order in Case No. 388, 11. Oktober 1982; *Westinghouse Electric Corporation vs. The Islamic Republic of Iran,* Order in Case No. 389, 12. Januar 1984; *Harris International Telecommunications Inc. vs. The Islamic Republic of Iran,* Order in Case No. 409, 18. Februar 1986; vgl. auch *Caron,* Interim Measures of Protection, ZaöRVR 1986, S. 482 f. m.w.N.

[359] *Hausmanninger,* Die einstweilige Verfügung im schiedsgerichtlichen Verfahren, S. 148.

[360] *Rauh,* Die Schieds- und Schlichtungsordnung der UNCITRAL, S. 141.

Nach Art. 26 II 2 UNCITRAL-SR ist das Schiedsgericht berechtigt, Sicherheit für die Kosten der vorläufigen Anordnung zu verlangen. Nach dem Wortlaut bleibt unklar, was diese Kosten alles mit umfassen. Aus den Beratungen zu den Entwürfen der UNCITRAL-SR geht hervor, daß hiervon allein die Kosten des Schiedsgerichts, nicht aber die Parteikosten im Zusammenhang mit dem einstweiligen Rechtsschutz abgesichert werden sollen[361]. Nicht erfaßt ist damit auch der mögliche Schaden der Gegenpartei.

Schließlich regelt Art. 26 III UNCITRAL-SR, daß ein Antrag einer Partei bei einem staatlichen Gericht auf Anordnung vorläufiger Maßnahmen weder als mit der Schiedsvereinbarung unvereinbar noch als Verzicht auf diese anzusehen ist. Im Ergebnis wird damit eine konkurrierende Zuständigkeit zwischen staatlichem Gericht und Schiedsgericht geschaffen[362].

Teilweise wird in diesem Zusammenhang die Auffassung vertreten, daß die Entscheidung einer Partei für den einen oder anderen Rechtsweg verbindlich sei[363]. Jedenfalls sieht Art. 1 II UNCITRAL-SR vor, daß die Bestimmungen der UNCITRAL-SR gegenüber nationalem zwingenden Recht subsidiär gelten. Somit ist die Anrufung des Schiedsgerichts um einstweiligen Rechtsschutz dann nicht möglich, wenn das anzuwendende nationale Recht, wie in Deutschland vor der Schaffung der einstweiligen Rechtsschutzbefugnis des Schiedsgerichts in § 1041 ZPO lange Zeit mehrheitlich vertreten[364], den staatlichen Gerichten in diesem Bereich eine ausschließliche Verfügungskompetenz zuweist[365].

---

[361] *Hof,* Commentary on the UNCITRAL Arbitration Rules, S. 177.

[362] *Böckstiegel,* The Relevance of National Arbitration Law for Arbitration under the UNCITRAL Rules, J.Int.Arb. 1984, S. 235.

[363] *Aden,* Internationale Handelsschiedsgerichtsbarkeit, S. 243.

[364] *Kühn,* Vorläufiger Rechtsschutz und Schiedsgerichtsbarkeit, JdS 1987 (I), S. 47 m.w.N.; siehe I.1.

[365] dies ist in Europa beispielsweise noch in einigen skandinavischen Ländern der Fall; vgl. *Böckstiegel,* Die UNCITRAL-SR und das anwendbare nationale Recht, RIW 1982, S. 711.

III. Regeln und Schiedssprüche des Iran – U.S. Claims Tribunals

1. Die Regeln des Tribunals

Art. 26 Tribunal Rules ist unverändert gegenüber der oben dargestellten Vorschrift der UNCITRAL-SR, mit Ausnahme der hinzugefügten Anmerkung, daß unter „Partei" die am Schiedsverfahren beteiligte Partei zu verstehen ist.

Allerdings wird die Regelung wesentlich modifiziert durch Art. VII (2) CSD. Darin heißt es nämlich, daß Klagen, die dem Iran-U.S. Claims Tribunal zugewiesen wurden, von der Zuständigkeit iranischer, amerikanischer oder sonstiger staatlicher Gerichte ausgeschlossen sind. Damit scheint aber Art. 26 III Tribunal Rules überflüssig geworden zu sein, wonach ein Antrag auf Anordnung vorläufiger Maßnahmen bei einem staatlichen Gericht weder als mit der Schiedsvereinbarung unvereinbar noch als Verzicht auf diese anzusehen ist. Tatsächlich ist ein solcher Antrag vor einem staatlichen Gericht bei Zuständigkeit des Iran-U.S. Claims Tribunals wegen Art. VII (2) CSD von vornherein unzulässig[366], allerdings nur dann, wenn er parallel zu dem Verfahren vor dem Tribunal verfolgt wird. Dient er hingegen lediglich zur Unterstützung und Absicherung, so hat ihn das Iran-U.S. Claims Tribunal vielfach als zulässig erachtet[367].

Gestützt wird dies auch durch General Principle B der General Declaration. Dort wird verlangt, daß sämtlich Rechtsstreitigkeiten („Litigation") zwischen amerikanischen und iranischen Parteien zu beenden und stattdessen jeweils bindende Schiedsverfahren vor dem Iran-U.S. Claims Tribunal durchzuführen sind. Hieraus hat das Tribunal im Rahmen vorläufiger Anordnungen gefolgert, daß auch ein paralleles ICC-Schiedsverfahren („Arbitration") ausgeschlossen ist[368].

---

[366] *Dore,* The UNCITRAL Framework for Arbitration, S. 72.

[367] *Hof,* Commentary on the UNCITRAL Arbitration Rules, S. 181; näher hierzu unter III.2.c.bb.

[368] siehe dazu unter III.2.c.bb.

2. Aus der Praxis des Tribunals

Um die Vielzahl der Schiedssprüche, in denen sich das Iran-U.S. Claims Tribunal mit unterschiedlichen verfahrensrechtlichen Problemen des einstweiligen Rechtsschutzes zu beschäftigen hatte, anschaulich darstellen zu können, erfolgt eine Unterteilung nach Voraussetzungen und Arten von einstweiligen Maßnahmen. Zunächst aber soll kurz auf die bereits erwähnte „Inherent Powers" – Rechtsprechung des Tribunals eingegangen werden.

a. Die „Inherent Powers" - Rechtsprechung

Das Iran-U.S. Claims Tribunal hat seine Befugnis zur Anordnung einstweiligen Rechtsschutzes nicht nur aus Art. 26 Tribunal Rules abgeleitet, sondern auch aus den „Inherent Powers" eines internationalen Schiedsgerichts. Schon in einer frühen grundlegenden Entscheidung stellte es fest, daß das Tribunal eine ihm „innewohnende Ermächtigung" zu solchen notwendigen Anordnungen besäße, welche die entsprechenden Rechte der Parteien bewahren und sicherstellen würden, daß die Rechtsprechungsgewalt des Tribunals wirkungsvoll bliebe. Deshalb habe es unter bestimmten Voraussetzungen auch die Befugnis, vorläufige Maßnahmen zu treffen[369]. Art. 26 Tribunal Rules wurde in diesem Zusammenhang gar nicht erwähnt.

Teilweise wird diese Rechtsprechung für die Frage, ob sich die schiedsrichterliche Kompetenz zum Erlaß von Eilmaßnahmen aus dem Schiedsvertrag oder aus dem Gesetz ergibt, zum Beleg dafür genommen, daß die Schiedsvereinbarung selbst Grundlage für die schiedsrichterliche Befugnis zur Anordnung einstweiliger Maßnahmen sei[370]. Hiergegen wird aber überzeugend vorgebracht, daß es bei dem Iran-U.S. Claims Tribunal i.d.R. gerade an einer Schiedsvereinbarung der streitenden Parteien fehle[371].

---

[369] *E-Systems, Inc. vs. Islamic Republic of Iran,* Interim Award 04.02.1983, Iran-U.S. C.T.R. (2), S. 51, 57.

[370] *Berger,* Internationale Wirtschaftsschiedsgerichtsbarkeit, S. 232, Fn. 621.

[371] *Bandel,* Einstweiliger Rechtsschutz im Schiedsverfahren, S. 14.

Vielmehr sind die Parteien aufgrund Art. VII (2) CSD gezwungen, das Tribunal anstelle der staatlichen Gerichte anzurufen.

b. Voraussetzungen einstweiliger Maßnahmen

Das Tribunal hat als wichtigste Voraussetzung für einstweilige Rechtsschutzmaßnahmen angenommen, daß die Zuständigkeit über die zugrundeliegende Streitigkeit prima facie gegeben ist[372]. Zwar wurde dieses Kriterium in den ersten Entscheidungen des Tribunals nicht erwähnt, seit der Entscheidung *Ford Aerospace vs. Air Force of Iran*[373] gehört es jedoch zu den Standarderwägungen des Schiedsgerichts vor dem Erlaß einer einstweiligen Anordnung. Vorbild hierfür dürfte die Rechtsprechungspraxis des Internationalen Gerichtshofs sein, die schon länger eine prima facie Zuständigkeit für den Erlaß einstweiliger Maßnahmen voraussetzt[374].

Die zweite Voraussetzung, die vom Tribunal entwickelt wurde, ist, daß die Maßnahme zur Abwendung eines nicht rückgängig zu machenden Schadens notwendig ist. Als nicht einschlägig wurde dieses Kriterium beispielsweise in jüngster Zeit bei *The Islamic Republic of Iran vs. The United States of America*[375] angesehen, wo es um die Vermietung von Gebäuden früherer iranischer diplomatischer Vertretungen durch die USA ging, deren Mobiliar für den Iran einen großen historischen oder kulturellen Wert besaß. Generell erweist es sich als schwierig festzulegen, wann ein Nachteil so beschaffen ist, daß er nicht wieder gutgemacht werden kann[376]. Anfangs vertrat das Tribunal die Auffassung, es müsse sich um Nachteile handeln, die nicht durch Geldzahlung oder anderen Ausgleich in materieller Form zu kompensieren seien[377]. Diese strikte Auslegung der

---

[372] *Borris*, Die UNCITRAL-Schiedsregeln in der Praxis des Iran-U.S. Claims Tribunal, JdS 1990 (IV), S. 17.

[373] Interim Award 04.06.1984, Iran-U.S. C.T.R. (6), S. 104, 108.

[374] *Hof*, Commentary on the UNCITRAL Arbitration Rules, S. 189.

[375] Decision 23.06.1997, YCA 1998 (XXIII), S. 469 ff.

[376] *Bandel*, Einstweiliger Rechtsschutz im Schiedsverfahren, S. 101.

[377] *Boeing Company vs. Iran*, Award 17.02.1984, C.T.R. (5), S. 152, 154.

Voraussetzung wurde in weiteren Entscheidungen jedoch nicht fortgeführt, sondern ausdrücklich aufgegeben[378]. Nunmehr fallen unter dieses Kriterium also auch Schäden, bei denen zwar ein Ausgleich in Geld möglich ist, der ursprüngliche Zustand aber nicht mehr hergestellt werden kann.

Zustimmung findet diese Haltung in der Literatur. Dort wird argumentiert, daß die Alternative des Verkaufs verderblicher Ware als einstweilige Maßnahme in Art. 26 Tribunal Rules zeige, daß ein möglicher Geldersatz vorläufige Anordnungen nicht ausschließe[379]. Allerdings wird auch kritisiert, daß das Tribunal darüber hinaus eine Konkretisierung dieses Kriteriums bisher schuldig geblieben sei[380].

Schließlich wird als dritte Voraussetzung für einstweilige Maßnahmen verlangt, daß das Ergebnis der Hauptsache nicht vorweggenommen werden darf[381].

Hingegen hat das Tribunal in seinen Entscheidungen nicht oder jedenfalls nicht ausdrücklich auf die Dringlichkeit der Anordnung und die Erfolgsaussichten in der Hauptsache abgestellt[382]. Erwähnenswert ist auch, daß das Tribunal einige Male vom Erlaß einstweiliger Maßnahmen absah, wenn die betroffene Partei versicherte, nichts zu unternehmen, was eine Hauptsacheentscheidung vorwegnehmen würde, wie z.B. ein paralleles ICC-Schiedsverfahren weiterzuführen[383].

---

378 *Behring International vs. The Islamic Republic of Iran,* Award 21.06.1985, C.T.R. (6) , S. 238, 276 ff.

379 *Hof,* Commentary on the UNCITRAL Arbitration Rules, S. 190.

380 *Bandel,* a.a.O., S. 101.

381 *Behring International vs. Islamic Republic of Iran Air Force,* Interim Award 22.02.1985, Iran-U.S. C.T.R. (8), S. 44, 46.

382 *Hof,* a.a.O., S. 190.

383 *Fluor Corporation vs. Government of the Islamic Republic of Iran,* Interim Award 04.12.1986, Iran-U.S. C.T.R. (11) 1986, S. 296 ff.

c. Arten einstweiliger Maßnahmen

Vorauszuschicken ist, daß das Iran-U.S. Claims Tribunal einstweilige Maßnahmen regelmäßig durch vorläufige Schiedssprüche („Interim Awards") angeordnet hat[384], wozu es ausdrücklich durch Art. 26 II, 32 I Tribunal Rules ermächtigt ist. Hinsichtlich der verschiedenen Arten einstweiliger Anordnungen kann man im wesentlichen die streitgegenstandsbezogenen Maßnahmen von solchen unterscheiden, die anderweitige Verfahren betreffen.

aa. Einstweilige Maßnahmen bezüglich des Streitgegenstands

In einigen Fällen hat das Tribunal angeordnet, vom Verkauf des Streitgegenstands abzusehen. Dies war etwa bei der bereits erwähnten Entscheidung *The Islamic Republic of Iran vs. The United States of America*[385] der Fall, als die USA davon abgehalten wurden, Mobiliar aus den iranischen diplomatischen Vertretungen in Amerika zu veräußern, das als kulturell und historisch wertvoll und damit als unersetzbar bewertet wurde. Andererseits wurden Anträge auf einstweilige Anordnungen, die den Verkauf des Streitgegenstands verhindern sollten, dann vom Tribunal abgelehnt, wenn der Antragsgegner versicherte, von einer Veräußerung Abstand zu nehmen[386].

In weiteren Fällen beantragten die Parteien, die streitgegenständliche verderbliche Ware an einem anderen Ort ihrer Wahl als dem, an dem sie sich bisher befand, zu lagern, um einen Wertverfall zu vermeiden. So verlangte eine Partei in *Behring International, Inc. vs. Iranian Air Force*[387], die Ware in ein Lager ihrer Wahl zu transportieren. Das Tribunal wollte

---

[384] *Borris,* Die UNCITRAL-Schiedsregeln in der Praxis des Iran-U.S. Claims Tribunal, JdS 1990 (IV), S. 17.

[385] Decision 23.06.1997, YCA 1998 (XXIII), S. 469 ff.

[386] so z.B. in *AVCO Corp. vs. Iran,* Award No. 377-261-3, Iran-U.S. C.T.R. (19), S. 201 f.

[387] Award No. ITM 46-382-1, Iran-U.S. C.T.R. (8), S. 44 ff.

diesem Begehren deshalb nicht entsprechen, um der Partei nicht den Besitz und die Kontrolle über den Streitgegenstand einzuräumen und damit die Hauptsache vorwegzunehmen. Allerdings ordnete es gegenüber der sich im Besitz der Ware befindenden gegnerischen Partei an, die Güter in einen moderneren Teil ihres Lagerhauses und in ein anderes adäquates Lagerhaus zu verschaffen, um ein Verderben der Ware zu vermeiden.

Im allgemeinen läßt sich allerdings sagen, daß das Iran-U.S. Claims Tribunal nur selten dem Begehren einer Partei nach einstweiligem Rechtsschutz auf den Streitgegenstand bezogen entsprochen hat[388]. Teilweise wurde hierfür nur eine kurze oder gar keine Begründung gegeben[389]. Ansonsten wurde die Ablehnung häufig auf die Vorwegnahme der Hauptsache gestützt, insbesondere wenn ein Widerkläger Antragsteller war und sich sein Begehr mit dem seiner Widerklage deckte[390].

bb. Einstweilige Maßnahmen bezüglich anderweitiger Verfahren

In den häufigsten Fällen haben US-amerikanische Kläger eine einstweilige Anordnung beantragt, mit welcher der jeweiligen iranischen Gegenpartei die Fortführung eines Rechtsstreits vor iranischen Gerichten über den gleichen Streitgegenstand untersagt werden sollte. Schon in der bereits erwähnten *E-Systems* - Entscheidung[391] hat das Tribunal in diesem Zusammenhang festgestellt, daß seine einstweiligen Maßnahmen vorrangig seien gegenüber damit unvereinbaren Entscheidungen iranischer oder amerikanischer staatlicher Gerichte. Deshalb wurde in der bisherigen Rechtsprechungspraxis des Iran-U.S. Claims Tribunals – soweit ersichtlich – bis auf eine Ausnahme auch jedem Antrag eines US-amerikanischen

---

[388] *Hof,* Commentary on the UNCITRAL Arbitration Rules, S. 180.

[389] so z.B. in *Dow Chemical Co. vs. Iran,* Presidential Order 499-1, Iran-U.S. C.T.R., S. 122.

[390] wie in *United Technologies International, Inc. vs. Iran,* Decision No. 53-114-3, Iran-U.S. C.T.R., S. 254 ff.

[391] siehe III.2.a., Fn. 369.

Klägers auf Anordnung der Beendigung eines Verfahrens vor iranischen Gerichten entsprochen.

Dieser Ausnahme[392] lag eine ungewöhnliche Situation zugrunde. Der Antrag auf Anordnung der Beendigung wurde nämlich gestellt, als das iranische Gericht bereits ein Urteil gefällt hatte. Folglich betrachtete das Tribunal die beantragte einstweilige Maßnahme als hinfällig.

In den übrigen Fällen wurde die Entscheidung, daß parallele Verfahren vor staatlichen Gerichten zu beenden sind, entweder auf die dem Tribunal „Inherent Powers" oder aber auf Art. VII (2) CSD gestützt[393]. Vereinzelt wurde auch argumentiert, daß bereits Art. 26 I Tribunal Rules zu entsprechenden Anordnungen ermächtige, weil er das Schiedsgericht bei einem entsprechenden Parteiantrag dazu verpflichte, alles zu unternehmen, um irreparablen Schaden von der Partei abzuwenden[394].

Teilweise ist es trotz entsprechender vorläufiger Schiedssprüche des Tribunals dennoch zu Versäumnisurteilen gegen US-amerikanische Kläger vor iranischen Gerichten gekommen. Meist hat das Tribunal dann solche Urteile in seiner Hauptsacheentscheidung für ungültig erklärt[395].

Seltener ist bislang dagegen die Konstellation aufgetreten, daß eine iranische Partei mit Hilfe des einstweiligen Rechtsschutzes ein Verfahren vor einem staatlichen amerikanischen Gericht unter Berufung auf die ausschließliche Zuständigkeit des Iran-U.S. Claims Tribunals stoppen wollte. Allerdings mußte das Tribunal erst jüngst zu dieser Problematik

---

[392] *United States (McHarg, Roberts, Wallace & Todd) vs. Iran,* Decision No. 24-10853/10854/10855/10856-1, Iran-U.S. C.T.R., S. 277 f.

[393] siehe bereits I.1.

[394] so z.B. in *E-Systems, Inc. vs. Islamic Republic of Iran,* Interim Award 04.02.1983, Iran-U.S. C.T.R. (2), S. 51, 57 ff.

[395] wie in *Touche Ross and Company vs. Islamic Republic of Iran,* Award 30.10.1985, Iran-U.S. C.T.R. (9), S. 284, 286 ff.

Stellung nehmen, so daß auf diese Entscheidung, die bereits angesprochen wurde[396], kurz näher eingegangen werden soll.

Wie bereits erwähnt, ging es um die Vermietung von Gebäuden früherer iranischer diplomatischer Vertretungen in den USA mit angeblich historisch und kulturell wertvollem Mobiliar aus iranischen diplomatischen Vertretungen an Drittstaaten durch die US-amerikanische Regierung. Diese hatte ein paralleles Verfahren über denselben Streitgegenstand vor einem staatlichen US-amerikanischen Gericht anhängig gemacht. Das Tribunal lehnte eine einstweilige Anordnung mit der Begründung ab, daß das Ergehen eines Urteils in den USA über den Streitgegenstand nicht zu einem unersetzbaren Schaden führen würde. Es gehe nicht davon aus, daß der Iran im Falle eines für ihn positiven Schiedsspruch trotz eines möglicherweise entgegenstehenden Gerichtsurteils in den USA Schwierigkeiten haben werde, diesen zu vollstrecken. Im übrigen sei in jedem Fall Geldersatz möglich, so daß von einem irreparablen Schaden nicht gesprochen werden könne.

Zweimal hat sich das Iran-U.S. Claims Tribunal bisher auch mit dem Verhältnis zur Schiedsgerichtsbarkeit der Internationalen Handelskammer zu befassen gehabt. Im ersten Fall[397] wurde ein Ruhen des Verfahrens vor dem ICC-Schiedsgericht bis zu einem bestimmten Zeitpunkt angeordnet, weil der Fortgang mit dem vor dem Tribunal selbst anhängigen Verfahren nach General Principle B der General Declaration inkompatibel sei[398]. Die zweite Entscheidung[399] ließ es dagegen zu, das ICC-Schiedsverfahren jedenfalls soweit zu beginnen, wie dies zur Vermeidung der Verjährung notwendig sei.

---

396 Decision 23.06.1997, YCA 1998 (XXIII), S. 469 ff., im Anschluß an Decision 18.05.1993, YCA 1994 (IX), S. 389 ff. und Decision 11.10.1996, YCA 1997 (XXII), S. 497 ff.; siehe III.2.b.

397 *Reading + Bates Corporation vs. The Islamic republic of Iran,* Interim Award 09.06.1983, Iran-U.S. C.T.R. 1983 (2), S. 401 f.

398 siehe III.1.

399 *Fluor Corporation vs. The Government of the Islamic Republic of Iran,* Interim Award 06.08.1986, Iran-U.S. C.T.R. 1986 (11), S. 296 ff.

IV. Vergleich mit anderen Schiedsordnungen

1. DIS - Schiedsregeln

Ohne wie die UNCITRAL-SR[400] bestimmte Regelungsarten besonders hervorzuheben, sieht § 20 I DIS-SR bei fehlender anderweitiger Vereinbarung der Parteien vor, daß das Schiedsgericht auf Antrag einer Partei vorläufige oder sichernde Maßnahmen anordnen kann, die es in bezug auf den Streitgegenstand für erforderlich hält. Dazu kann es von jeder Partei im Zusammenhang mit einer solchen Maßnahme angemessene Sicherheit verlangen.

Daneben stellt § 20 II DIS-SR ebenso wie die UNCITRAL-SR und anders als die speziellen Regelungen des Iran - U.S. Claims Tribunals[401] klar, daß grundsätzlich in jedem Fall der einstweilige Rechtsschutz durch das staatliche Gericht vor oder nach Beginn des schiedsrichterlichen Verfahrens möglich ist. Begründet wird dies damit, daß in zahlreichen Konstellationen ein effektiver einstweiliger Rechtsschutz durch ein Schiedsgericht auch nach Beginn des Verfahrens nicht zu erreichen sei. Das gelte etwa bei besonderer Eilbedürftigkeit und gleichzeitig fehlender Möglichkeit, sofort auf das gesamte Schiedsgericht zurückgreifen zu können, z.B. weil die Schiedsrichter ihren Sitz an unterschiedlichen Orten haben[402].

Derartige Situationen könnten allerdings auch entschärft werden, indem man dem Vorsitzenden eines Dreier – Schiedsgerichts die Befugnis einräumt, bei besonderer Eilbedürftigkeit einstweilige Maßnahmen allein anordnen zu können.

---

[400] siehe II.

[401] siehe III.1.

[402] *Bredow,* Die DIS-Schiedsgerichtsordnung 1998, S. 117.

2. ICC - Schiedsordnung

Wie die meisten international verbreiteten Schiedsregeln sieht auch die ICC – SO seit jeher vor, daß die Parteien sich unabhängig von der Vereinbarung der ICC – Schiedsgerichtsbarkeit zur Anordnung einstweiligen Rechtsschutzes an staatliche Gerichte wenden können. War dies bis vor kurzem nach Übergabe der Akten an das Schiedsgericht jedoch nur bei „außerordentlichen Umständen“[403] möglich, so regelt Art. 23 II ICC – SO nunmehr, daß die Parteien „in geeigneten Fällen“ bei jedem zuständigen Justizorgan sichernde und vorläufige Maßnahmen beantragen können.

Bislang nicht vollkommen geklärt ist, wann ein solcher „geeigneter Fall“ vorliegt. Auch wenn diese neue Formulierung weniger restriktiv als die alte erscheint, soll hierdurch nicht der Grundsatz beseitigt werden, daß ein einstweiliges Rechtsschutzbegehren nach Übergabe der Akten an das Schiedsgericht an dieses zu richten ist. Der Weg zu den ordentlichen Gerichten soll dagegen nur dann möglich sein, wenn das Schiedsgericht, nicht notwendigerweise aus „außerordentlichen Umständen“, gehindert ist, dem Antrag zu entsprechen[404].

Erst seit der letzten Neufassung enthält die ICC-SO in Art. 23 I in Anlehnung an Art. 17 I UNCITRAL Model Law eine ausdrückliche Befugnis des Schiedsgerichts, sofort nach Aktenübersendung auf Antrag diejenigen sichernden oder vorläufigen Maßnahmen anzuordnen, die es für angemessen hält. Dabei ist das Schiedsgericht, anders als in Art. 26 I UNCITRAL-SR vorgesehen, nicht auf den Streitgegenstand beschränkt, solange ein ausreichender Zusammenhang mit dem Schiedsverfahren besteht[405].

---

[403] Art. 8 V ICC – SO a.F.

[404] *Derains/Schwartz,* A Guide to the New ICC Rules of Arbitration, S. 276.

[405] *Derains/Schwartz,* a.a.O., S. 276.

3. Schiedsregeln der Stockholmer Handelskammer

Ebenfalls erst seit der letzten Überarbeitung der SCC-SR anlässlich der Einführung des neuen schwedischen Gesetzes über Schiedsverfahren im Jahr 1999 enthält § 31 I SCC-SR eine Bestimmung zu einstweiligen Rechtsschutzmaßnahmen des Schiedsgerichts. Falls die Parteien nichts anderes vereinbart haben, soll demnach das Schiedsgericht auf Antrag „die Gegenpartei auffordern können, Maßnahmen zu treffen, um die Hauptsacheentscheidung sicherzustellen“. Diese, zumindest in der deutschen Übersetzung etwas undeutliche Formulierung, bedeutet nichts anderes, als daß die Schiedsrichter über Arrest und einstweilige Verfügungen beschließen können sollen[406].

Zusätzlich beinhaltet § 26 I 2 SCC-SR die Ermächtigung, die antragstellende Partei zu verpflichten, ausreichende Sicherheit für den Schaden zu leisten, der der Gegenpartei entstehen kann. Dies geht also über die Regelung in Art. 26 II 2 UNCITRAL-SR hinaus, die lediglich eine Sicherheit für die Kosten der Maßnahme vorsieht[407]. Eine solche ausdrückliche Erweiterung des Umfangs der Sicherheitsleistung erscheint zum Schutz der Gegenpartei zweckmäßig, da der Schaden die Kosten einer Maßnahme bei weitem übersteigen kann.

Schließlich gilt nach § 31 II SCC-SR ein Antrag bei einem staatlichen Gericht oder einer Vollstreckungsbehörde auf Anordnung einer einstweiligen Maßnahme wie mittlerweile in den meisten Schiedsordnungen als nicht unvereinbar mit der Schiedsvereinbarung oder den SCC-SR.

---

406 *Strempel/Hober,* Das neue schwedische Gesetz über Schiedsverfahren, BB Beilage 4, 1999, S. 9.

407 siehe II.

4. Schiedsordnung der Zürcher Handelskammer

Ähnlich wie die UNCITRAL-SR sieht die ZHK-SO in Art. 28 schon seit geraumer Zeit die Befugnis des Schiedsgerichts vor, auf Antrag vorsorgliche oder sichernde Maßnahmen gem. Art. 183 IPRG zu erlassen, sofern die Parteien dies nicht ausdrücklich ausgeschlossen haben. Der Verweis auf Art. 183 IPRG führt allerdings nicht zu einer Konkretisierung der zulässigen Anordnungsarten. Vielmehr heißt es in Art. 183 I IPRG ebenfalls nur, daß das Schiedsgericht vorsorgliche oder sichernde Maßnahmen anordnen kann.

In der ZHK-SO nicht ausdrücklich geregelt ist, ob daneben die Möglichkeit bestehen bleibt, vor staatlichen Gerichten einstweiligen Rechtsschutz zu begehren. In Art. 183 II IPRG heißt es dazu lediglich, daß das Schiedsgericht den staatlichen Richter um Mitwirkung ersuchen kann, wenn sich der Betroffene nicht freiwillig der angeordneten Maßnahme unterzieht. Aus dieser Formulierung kann man nicht ableiten, daß staatliche Gerichte bei Vereinbarung der ZHK-SO für Anordnungen des einstweiligen Rechtsschutzes ohne Ersuchen des Schiedsgerichts unzuständig sein sollen.

5. CIETAC - Schiedsregeln

Als einzige der hier besprochenen Schiedsordnungen beinhalten die CIETAC - SR keine Ermächtigung des Schiedsgerichts, einstweilige Rechtsschutzmaßnahmen anzuordnen. Vielmehr schreibt Art. 23 I CIETAC-SR vor, daß die Schiedsgerichtskommission einen Arrestantrag einer Partei an die staatlichen Gerichte weiterzuleiten hat. Dasselbe gilt nach Art. 23 II CIETAC-SR für einstweilige Anordnungen zur Beweissicherung. Offen bleibt, ob auf diesem Weg auch einstweilige Verfügungen beantragt werden können. In Zivilverfahren vor den staatlichen chinesischen Gerichten sind neben Arresten gem. Art. 97 der chinesischen ZPO auch einstweilige Verfügungen vorgesehen für fällige Unterhalts- und Arbeitslohnforderungen sowie in sonstigen dringlichen Fällen. Das chinesische Zivilprozeßrecht differenziert also ähnlich wie das deutsche zwischen Arrest und einstweiliger Verfügung, auch wenn man einen direkten Vergleich nur schwer ziehen kann. Die fehlende Erwähnung der einstweiligen Verfügung in den CIETAC-SR kann jedenfalls nach dem klaren Wortlaut der Vorschrift nur so ausgelegt werden, daß ein hierauf gerichteter Antrag ausschließlich direkt vor den staatlichen Gerichten, nicht aber vor dem Schiedsgericht zulässig ist. Dort kann lediglich ein Arrestantrag gestellt werden, der aber vom Schiedsgericht an ein staatliches Gericht weiterzuleiten ist.

V. Zusammenfassung und Vorschläge zur Ergänzung der UNCITRAL - Schiedsregeln

Der einstweilige Rechtsschutz wirft im Rahmen der internationalen Schiedsgerichtsbarkeit vor allem zwei Problemkreise auf. Zum einen stellt sich die Frage, ob ein internationales Schiedsgericht überhaupt Maßnahmen des einstweiligen Rechtsschutzes anordnen darf, oder ob sich die Parteien insofern an die nationalen Gerichte wenden dürfen oder müssen[408]. Zum anderen ist häufig unklar, unter welchen Voraussetzungen vorläufige Maßnahmen ergehen und welche Reichweite sie haben dürfen[409].

Das erste Problem wird von der UNCITRAL-SR relativ eindeutig gelöst[410]. Aus Art. 26 III UNCITRAL-SR ergibt sich, daß ein Antrag einer Partei bei einem staatlichen Gericht auf Anordnung vorläufiger Maßnahmen weder als mit der Schiedsvereinbarung unvereinbar noch als Verzicht auf diese anzusehen ist. Damit wird eine konkurrierende Zuständigkeit zwischen staatlichem Gericht und Schiedsgericht geschaffen. Um dennoch divergierende Entscheidungen zu vermeiden, bietet sich eine klarstellende Ergänzung insofern an, als die Entscheidung einer Partei für den einen oder anderen Rechtsweg verbindlich sei.

Die zweite Frage, welche die Voraussetzungen und den Umfang einer einstweiligen Anordnung betrifft, wird von Art. 26 I UNCITRAL-SR hingegen nur unbefriedigend beantwortet. Zwar finden sich hinsichtlich der Voraussetzungen in den meisten internationalen Schiedsordnungen keine oder nur generalklauselhafte Regelungen[411], jedoch erfordert die besondere Zielsetzung der UNCITRAL-SR, auch für auf dem Gebiet der internationalen Schiedsgerichtsbarkeit unerfahrenere Rechtssuchende

---

[408] siehe I.1.

[409] siehe I.2.

[410] siehe II.

[411] siehe IV.

attraktiv zu sein[412], eine detailliertere Vorschrift. Die Voraussetzungen für einstweilige Rechtsschutzmaßnahmen sollten deshalb ausdrücklich geregelt sein. Hierzu können die vom Iran-U.S. Claims Tribunal herausgearbeiteten Voraussetzungen herangezogen werden[413]. Diese umfassen einerseits, daß die Zuständigkeit über die zugrundeliegende Streitigkeit prima facie gegeben ist. Desweiteren ist erforderlich, daß die Maßnahme zur Abwendung eines nicht rückgängig zu machenden Schadens notwendig ist, wobei ein möglicher Geldersatz einstweilige Anordnungen nicht ausschließt. Schließlich darf das Ergebnis der Hauptsache nicht vorweggenommen werden. Diskussionswürdig ist daneben auch, ob nicht zudem auf die Dringlichkeit der Anordnung und die Erfolgsaussichten in der Hauptsache abzustellen ist.

Auch hinsichtlich der Reichweite der möglichen vorläufigen Maßnahmen findet sich in Art. 26 I UNCITRAL-SR lediglich eine beispielhafte Aufzählung, die nicht abschließend ist[414]. Wiederum wäre es aufgrund der eben schon erwähnten besonderen Stellung der UNCITRAL-SR wünschenswert, wenn sie zur Rechtsklarheit eine detaillierte Aufzählung der zulässigen Anordnungen enthalten würde.

Außerdem sollte zur Steigerung der Effizienz einstweiliger Rechtsschutzmaßnahmen bei besonderer Eilbedürftigkeit zur Vermeidung unnötiger Zeitverluste dem Vorsitzenden des Schiedsgerichts eine Einzelermächtigung zu einstweiligen Anordnungen bis zur Entscheidung des vollen Schiedsgerichts eingeräumt werden. So wurde es auch bereits vom Iran-U.S. Claims Tribunal trotz des entgegenstehen Wortlauts von Art. 26 I UNCITRAL-SR in dringenden Fällen gehandhabt[415].

Schließlich bleibt zu überlegen, ob es nicht zweckmäßig wäre, von der antragstellenden Partei eine Sicherheit nicht nur, wie in Art. 26 II 2 UNCITRAL-SR bestimmt[416], für die Kosten des Schiedsgerichts, sondern

---

[412] siehe I.2.

[413] siehe III.2.b.

[414] siehe II.

[415] siehe II.

[416] siehe II.

auch für die Parteikosten oder sogar für den möglichen Schaden, welcher der Gegenpartei durch die einstweilige Maßnahme entstehen kann, zu verlangen. Letzteres wäre deshalb sinnvoll, weil der Schaden die Kosten einer Maßnahme bei weitem übersteigen kann. Im übrigen würde ein gewisser Abschreckungseffekt in der Weise erzielt werden, daß einstweilige Maßnahmen von den Parteien tatsächlich nur in notwendigen und begründeten Fällen und weniger aus taktischen Erwägungen heraus beantragt werden. Vorbild für eine entsprechende Regelung könnte § 26 I 2 SCC-SR sein[417].

[417] siehe IV.3.

Sechster Teil: Förmlichkeiten des Schiedsspruchs

I. Problemstellung

Alle Schiedsordnungen schreiben Förmlichkeiten beim Erlaß des Schiedsspruchs vor. Dabei werden regelmäßig zwei Problemkreise aufgeworfen.

Zum einen wird häufig die Angabe des Ortes verlangt, an dem der Schiedsspruch erlassen wurde. Dadurch soll bei fehlender Vereinbarung der Parteien das anwendbare nationale Schiedsverfahrensrecht bestimmt werden können[418]. Jedoch stammen die Schiedsrichter bei internationalen Schiedsverfahren nicht selten aus unterschiedlichen Ländern, so daß der Schiedsspruch wegen des geringeren Aufwandes häufig im „Umlaufverfahren" unterschrieben, d.h. zur Unterschrift von Schiedsrichter zu Schiedsrichter an unterschiedliche Orte geschickt, bevor er an die Parteien abgesandt wird. Es stellt sich somit die Frage, ob dies überhaupt zulässig ist und falls ja, an welchem Ort und zu welchem Zeitpunkt der Schiedsspruch dann erlassen wurde.

Das zweite Problem, das nicht selten beim Erlaß eines Schiedsspruchs auftritt, ist die Weigerung überstimmter Schiedsrichter, den Schiedsspruch zu unterschreiben. Stattdessen werden häufig Sondervoten und abweichende Meinungen abgegeben. Viele Schiedsordnungen sehen diese Möglichkeit aber gar nicht vor, sondern verlangen vielmehr, daß alle Schiedsrichter den Schiedsspruch zu unterzeichnen haben, also auch die überstimmten[419]. Es ist also zu klären, ob ein solches Verhalten eines Schiedsrichters trotz fehlender oder entgegenstehender Regelung in der Schiedsordnung dennoch nicht zur Unwirksamkeit des Schiedsspruchs führt.

---

[418] *Sanders,* Commentary on the UNCITRAL Arbitration Rules, YCA 1977 (II), S. 195.

[419] *Schlosser,* Das Recht der internationalen privaten Schiedsgerichtsbarkeit, Rn. 689.

1. Ort des Erlasses

Um bei fehlender Parteivereinbarung das auf den Schiedsspruch anwendbare nationale Verfahrensrecht bestimmen zu können, verlangen die meisten Schiedsordnungen die Angabe des Orts, an dem der Schiedsspruch erlassen wurde. Zudem ist teilweise erforderlich, daß der Schiedsspruch am Ort des Schiedsverfahrens erlassen wird[420], also ein physischer Bezug des zu erlassenden Schiedsspruchs zum Schiedsort besteht. Regelmäßig werden sich die Schiedsrichter aber nach der mündlichen Verhandlung lediglich über den zu erlassenden Schiedsspruch verständigen, meist sogar ohne den Tenor wörtlich festzulegen, und anschließend in ihre Heimatorte zurückreisen. Dann muß der Obmann den Schiedsspruch redigieren, bevor er von den Schiedsrichtern im „Umlaufverfahren" unterschrieben und an die Parteien abgesandt wird.

Dies wirft die Frage auf, was unter dem „Erlaß" des Schiedsspruchs überhaupt zu verstehen ist. Ist er schon mit der Unterschrift aller Schiedsrichter erlassen? Oder ist es notwendig, daß sich die Schiedsrichter durch Absendung des Schiedsspruchs an die Parteien jedweder Verfügungsmacht über ihn begeben haben, so wie man auch nicht verkündete Gerichtsentscheidungen als dann erlassen betrachtet, wenn sie in den Gerichtsauslauf gelangt sind[421]? Damit hängt auch das Problem zusammen, ob bei vorgeschriebenem Erlaß des Schiedsspruchs am Schiedsort dessen Absendung am Schiedsort erforderlich ist, oder ob sogar sämtliche Schiedsrichter nochmals zur Unterzeichnung dorthin anreisen müssen.

Aus pragmatischen Gründen wird man beide eben beschriebenen Varianten für entbehrlich halten wollen, da sie mit Zeitverlust und höheren Kosten verbunden sind[422]. Es ist daher zu klären, ob sich dieses Ergebnis bereits

---

[420] so etwa in Art. 16 IV UNCITRAL-SR; hierzu ausführlich unter II.1.

[421] so z.B. BGH ZIP 98, 163.

[422] *Schlosser*, Das Recht der internationalen privaten Schiedsgerichtsbarkeit, Rn. 690.

aus der Auslegung der entsprechenden Regelungen in den UNCITRAL-SR[423] ergibt, oder ob hierfür eine Ergänzung bzw. Änderung der Vorschriften notwendig ist. Vergleichend sind hierzu wiederum andere internationale Schiedsordnungen heranzuziehen[424].

2. Unterschrift aller Schiedsrichter und abweichende Meinungen

Im Zusammenhang mit der Unterschrift der Schiedsrichter unter den Schiedsspruch taucht desweiteren die Frage auf, ob ein überstimmter Schiedsrichter verpflichtet ist, die Mehrheitsentscheidung zu unterschreiben. Nahezu alle internationalen Schiedsordnungen bejahen dies zwar relativ eindeutig, jedoch lassen etwa die UNCITRAL-SR insoweit eine Hintertür offen, als beim Fehlen einer Unterschrift lediglich der Grund hierfür anzugeben ist[425]. Zweifelhaft ist jedoch, ob tatsächlich jeder beliebige Grund das Vorliegen einer Unterschrift entbehrlich macht[426].

Weiterhin verspüren überstimmte Schiedsrichter, insbesondere solche, die von einer Partei bestimmt wurden, gelegentlich das Bedürfnis, ihre abweichende Meinung in einem Sondervotum zum Schiedsspruch kundzutun. Ist ein derartiges Recht - wie in den UNCITRAL-SR - nicht ausdrücklich vorgesehen, ist zu klären, ob ein derartiges Sondervotum überhaupt zulässig und wie es zu behandeln ist[427]. Naheliegenderweise hatte sich auch das Iran-U.S. Claims Tribunal aufgrund der nationalen Eitelkeiten einiger Schiedsrichter und dem politischen Hintergrund der Verfahren gelegentlich mit dieser Frage zu beschäftigen[428].

---

[423] siehe II.1.
[424] siehe IV.
[425] siehe Art. 32 IV 2 UNCITRAL-SR; ausführlich hierzu unter II.2.
[426] vgl. *Aden*, Internationale Handelsschiedsgerichtsbarkeit, S. 250.
[427] vgl. *Strohbach*, Die Arbitrage ad hoc, S. 46.
[428] siehe III.2.

II. Regelung in den UNCITRAL - Schiedsregeln

1. Ort des Erlasses

Art. 32 IV 1 UNCITRAL-SR regelt, daß der Schiedsspruch von den Schiedsrichtern zu unterzeichnen ist und die Angabe des Tages und des Ortes, an dem er erlassen wurde, zu enthalten hat. Nach Art. 16 IV UNCITRAL-SR ist der Schiedsspruch am Ort des Schiedsverfahrens zu erlassen.

Daraus eröffnen sich die bereits angesprochenen zwei Problemkreise[429], nämlich was unter „Erlaß" des Schiedsspruchs zu verstehen ist und ob Art. 32 IV 1 i.V.m. Art. 16 IV UNCITRAL-SR, die einen Erlaß am Schiedsort verlangen, die Unterzeichnung des Schiedsspruchs im „Umlaufverfahren" und seine anschließende Absendung vom Heimatort des Obmanns an die Parteien ausschließen.

Die erste Frage läßt sich oberflächlich relativ eindeutig beantworten. Unter welchen Voraussetzungen ein Schiedsspruch als erlassen gilt, richtet sich einfach nach dem zugrundeliegenden Verfahrensrecht. Am häufigsten wird sich die Situation so darstellen, daß sich die Schiedsrichter über den zu erlassenden Schiedsspruch nach Ende der letzten mündlichen Verhandlung verständigen, meist ohne sogar den Tenor wörtlich festzulegen. Dieser sowie die erforderliche Begründung[430] wird erst später vom Obmann redigiert, den Schiedsrichtern zur Unterschrift zugesandt und anschließend an die Parteien abgesendet.

Hieraus resultieren gem. Art. 32 IV 1 i.V.m. Art. 16 IV UNCITRAL-SR dann keine Probleme, wenn der Schiedsspruch am Ort des Schiedsverfahrens entweder unterschrieben oder zumindest abgesandt wurde, da dann der nach Art. 16 IV UNCITRAL-SR notwendige physische Zusammenhang zum Schiedsort besteht. Für die Zulässigkeit der bloßen Absendung am Schiedsort spricht im Rahmen der UNCITRAL-SR schon

---

[429] siehe I.1.

[430] vgl. Art. 32 III UNCITRAL-SR.

der Wortlaut von Art. 32 IV 1 UNCITRAL-SR, der ausdrücklich die Voraussetzungen der Unterzeichnung des Schiedsspruchs und der Angabe des Orts des Erlasses trennt.

Schwieriger ist der Fall zu beurteilen, daß weder die Unterzeichnung des Schiedsspruchs noch dessen Absendung am Ort des Schiedsverfahrens erfolgt ist. Solche „Zirkularbeschlüsse" sollen nach einer Literaturansicht implizit durch Art. 32 IV UNCITRAL-SR ausgeschlossen sein[431]. M.E. spricht schon Art. 16 IV UNCITRAL-SR gegen ein solches Prozedere. Er verbietet zwar nicht, wie eben gezeigt, die Unterschrift des Schiedsspruchs im Umlaufverfahren, verlangt aber, daß zumindest die Absendung des Schiedsspruchs an die Parteien am Ort des Schiedsverfahrens und nicht etwa vom Heimatort des Obmanns aus erfolgt.

Dies mag in der Praxis nicht selten nur unter Schwierigkeiten und mit Zeitverzögerungen möglich sein, jedoch verhindert Art. 16 IV UNCITRAL-SR ausdrücklich eine effizientere Vorgehensweise. Es wird daher im folgenden zu prüfen sein, ob andere internationale Schiedsordnungen einen praxisnäheren Weg im Umgang mit dem Erlaß des Schiedsspruchs gefunden haben und ob dies Vorbild für eine Modifikation der UNCITRAL-SR sein kann[432].

---

[431] *Wiget,* Verhältnis UNCITRAL zum Zürcher Schiedsgerichtsrecht, SJZ 1979, S. 24.
[432] siehe IV.

2. Unterschrift aller Schiedsrichter und abweichende Meinungen

Wie bereits dargestellt, ist der Schiedsspruch gem. Art. 32 IV 1 UNCITRAL-SR von den Schiedsrichtern zu unterzeichnen. Art. 32 IV 2 UNCITRAL-SR regelt darüber hinaus, daß bei Fehlen einer Unterschrift bei einem Dreier-Schiedsgericht der Grund hierfür im Schiedsspruch zu nennen ist. Die Möglichkeit, dem Schiedsspruch eine abweichende Meinung eines Schiedsrichters beizufügen, sehen die UNCITRAL-SR nicht ausdrücklich vor.

Dennoch soll es nach Meinung von *Sanders* für einen Schiedsrichter möglich sein, eine abweichende Meinung zu äußern, da die Beifügung einer solchen von den UNCITRAL-SR nicht ausdrücklich ausgeschlossen werde. Dies sei einer Unterschriftsverweigerung eines Schiedsrichters, der mit einem Schiedsspruch nicht einverstanden ist, vorzuziehen[433].

Sollte ein Schiedsrichter dennoch die Unterschrift verweigern, ist es empfehlenswert, die Unterschriften der übrigen Schiedsrichter unter die Begründung für das Fehlen der dritten Signatur zu setzen, weil auch diese Begründung Teil des Schiedsspruchs ist[434]. In diesem Zusammenhang fällt im übrigen auf, daß der Grund für das Fehlen der Unterschrift kein besonderer oder wichtiger sein muß. Aus der Notwendigkeit der Angabe des Grundes läßt sich aber zumindest schließen, daß es sich um einen sachlich nachvollziehbaren handeln sollte[435].

---

[433] *Sanders,* Commentary on the UNCITRAL Arbitration Rules, YCA 1977 (II), S. 208.
[434] *Rauh,* Die UNCITRAL Schieds- und Schlichtungsordnung, S. 133.
[435] *Aden,* Internationale Handelsschiedsgerichtsbarkeit, S. 250.

III. Regeln und Schiedssprüche des Iran – U.S. Claims Tribunals

1. Die Regeln des Tribunals

Art. 16 IV Tribunal Rules blieb ebenso wie Art. 32 IV Tribunal Rules unverändert gegenüber den UNCITRAL-SR mit der Ausnahme, daß in einer Anmerkung jeweils klargestellt wurde, daß unter dem Begriff „Parteien“ die Schiedsparteien gemeint sind. Außerdem wurde in der CSD der Ort des Iran-U.S. Claims Tribunals von vornherein auf Den Haag in den Niederlanden festgelegt[436].

Allerdings wird in Art. 32 III 2 Tribunal Rules in Erweiterung der UNCITRAL-Rules jedem Schiedsrichter das Recht eingeräumt, daß seine Gegenstimme („dissenting vote“) und die Gründe hierfür aufgezeichnet werden. Obwohl hiervon abweichende Meinungen - d.h. Anmerkungen eines Schiedsrichters, der zwar für den Schiedsspruch gestimmt hat, mit diesem aber in der Begründung nicht völlig übereinstimmt - nicht ausdrücklich erlaubt sind, wird man diese als ein Weniger zur Gegenstimme in Form eines Erst–Recht–Schlusses ebenfalls zulassen müssen[437].

2. Ausgewählte Schiedssprüche

Zum Ort des Erlasses des Schiedsspruchs sind, soweit ersichtlich, bislang noch keine Schiedssprüche des Iran-U.S. Claims Tribunals ergangen. Dies mag damit zusammenhängen, daß dieser durch die CSD von vornherein auf Den Haag festgelegt wurde. Obwohl die Schiedssprüche des Tribunals dennoch von einem oder mehreren Schiedsrichtern häufig außerhalb der Niederlande abgefaßt oder unterschrieben wurden, ergaben sich daraus bisher keine Streitigkeiten[438].

---

[436] siehe Einleitung, III.

[437] *Hof,* Commentary on the UNCITRAL Arbitration Rules, S. 220.

[438] *Hof,* a.a.O., S.111.

Anders verhält es sich dagegen mit der Weigerung eines Schiedsrichters, den Schiedsspruch zu unterschreiben, sowie mit der Abgabe von abweichenden Meinungen. Zu beidem Verhalten fühlten sich aufgrund des unverkennbaren politischen Einflusses vor allem iranische Schiedsrichter veranlaßt, so daß zu diesem Problemkreis eine Reihe von Entscheidungen ergangen sind, von denen zwei im folgenden exemplarisch untersucht werden.

a. James M. Saghi among others vs. The Government of the Islamic Republic of Iran, 12. Januar 1987[439]

Im Fall *Saghi vs. The Government of Iran* ging es verfahrensrechtlich um die Frage der Nationalität der Kläger, die für die Zuständigkeit des Iran-U.S. Claims Tribunals entscheidend war. Die zwei Schiedsrichter *Robert Briner* und *George Aldrich* der dreiköpfigen Kammer bejahten die Zuständigkeit, während der dritte iranische Schiedsrichter *Hamid Bahrami-Ahmadi* sowohl die Teilnahme an den Beratungen der Kammer als auch die Unterschrift unter den Zwischenschiedsspruch verweigerte. Dies wurde in einer Anmerkung zum Zwischenschiedsspruch vermerkt. Zugleich wurde eine Erklärung von *Bahrami-Ahmadi* und eine Stellungnahme dazu von *Briner* und *Aldrich* beigefügt.

In seiner Erklärung legte *Bahrami-Ahmadi* dar, daß die Tribunal Rules es zwei Schiedsrichtern nicht erlaube, einen Schiedsspruch zu erlassen, ohne daß der Dritte Schiedsrichter an den Beratungen dazu teilgenommen hat. Die Anwesenheit aller drei Schiedsrichter bei den Beratungen sei notwendige Voraussetzung für die Wirksamkeit des Schiedsspruchs. Deshalb wertete er den vorliegenden „Zwischenschiedsspruch“ lediglich

[439] Interlocutory Award in Case No. 298 (ITL 66-298-2) of 12 January 1987, YCA 1988 (XIII), S. 343 ff.

als „Rechtsgutachten“ seiner Kollegen, weshalb seine Erklärung auch nicht als abweichende Meinung aufgefaßt werden könne[440].

Die Schiedsrichter *Briner* und *Aldrich* entgegneten in ihrer Stellungnahme hierzu, daß sie zwar die (nicht näher erläuterten) Gründe für die Nichtteilnahme von *Bahrami-Ahmadi* an den Beratungen der Kammer nachvollziehen könnten. Allerdings könne die Tätigkeit eines internationalen Tribunals, das eine solche Vielzahl von Fällen zu bewältigen hat, nicht durch die Weigerung eines Schiedsrichters behindert werden, an den Beratungen teilzunehmen oder den Schiedsspruch zu unterzeichnen. Deshalb sei dieser Schiedsspruch als abschließend und bindend gem. Art. IV CSD und Art. 32 II Tribunal Rules zu betrachten[441].

b. Phillips Petroleum Company Iran vs. The National Iranian Oil Company among others, 29. Juni 1989[442]

Die geltend gemachten Ansprüche im Fall *Phillips Petroleum Company Iran vs. The National Iranian Oil Company among others* resultierten aus einer Joint Structure Vereinbarung zwischen den Parteien, die im Jahr 1965 geschlossen wurde. Diese hatte die Erschließung und Ausbeutung von Erdölfeldern im Persischen Golf zum Inhalt. Die Klägerin brachte vor, daß die Beklagte die Vereinbarung mehrfach verletzt habe, und verlangte deshalb Schadensersatz. In einem Zwischenschiedsspruch vom 30. Dezember 1982[443] stellte das Schiedsgericht zunächst seine Zuständigkeit für die Klage fest. Durch die vorliegende Endentscheidung bekam die Klägerin einen Großteil des begehrten Schadensersatzes zugesprochen. Unter den Schiedsrichtern herrschte vor allem große Uneinigkeit über die Art der Berechnung der Höhe des Schadensersatzes, weshalb sich der

---

[440] Declaration of Hamid Bahrami-Ahmadi from January 19, 1987, YCA 1988 (XIII), S. 347.

[441] Comments on the Declaration of Judge Bahrami-Ahmadi from February 2, 1987, YCA 1987 (XIII), S. 343.

[442] Award in Case No. 39, YCA 1991 (XVI), S. 298 ff.

[443] ITL 11-39-2, soweit ersichtlich nicht veröffentlicht.

iranische Schiedsrichter *Khalilian* veranlaßt sah, den Schiedsspruch nicht zu unterschreiben[444].

In ihrer Anmerkung zu der fehlenden Unterschrift nahmen *Briner* und *Aldrich* ausdrücklich Bezug auf Art. 32 IV Tribunal Rules und stellten fest, daß *Khalilian* an sämtlichen Beratungen der Kammer teilgenommen habe und bei der Unterzeichnung des Schiedsspruchs anwesend gewesen sei. Unter diesen Umständen hielten sie es für gerechtfertigt, die Unterzeichnung des Schiedsspruchs trotz der Weigerung von *Khalilian* vorzunehmen, um die Tätigkeit des Tribunals angesichts der Vielzahl der zu verhandelnden Fälle nicht unnötig aufzuhalten[445].

Dem entgegnete *Khalilian* in einer eigenen Erklärung, daß es verfrüht gewesen sei, den Schiedsspruch zu unterschreiben. Dies begründete er mit ausführlichen Darlegungen zur Berechnungsmethode der Schadenshöhe[446].

Schiedsrichter *Aldrich* wiederum versuchte, diese Ausführungen mit einer erneuten Erklärung zu entkräften. Darin beschrieb er detailliert die Berechungsmethode, die dem Schiedsspruch zugrunde lag und die in diesem nur aufgrund ihrer Länge nicht enthalten gewesen sei. Damit wolle er zeigen, daß sich das Schiedsgericht nicht nur oberflächlich mit dem Schadensumfang befaßt habe[447].

Eine derartige öffentliche Auseinandersetzung zwischen den Schiedsrichtern erscheint mehr als ungewöhnlich und stärkt nicht unbedingt das Vertrauen der Parteien in die Neutralität des Schiedsgerichts. Dieser Schiedsspruch und die dazugehörigen Stellungnahmen geben daher Anlaß zu der Frage, ob die in Art. 32 IV 2 UNCITRAL-SR und Tribunal Rules vorgeschriebene Angabe des Grundes für das Fehlen der Unterschrift dazu mißbraucht werden kann, interne Streitigkeiten unter den Schiedsrichtern in einer solchen Breite öffentlich zu machen[448]. Außerdem

[444] Award in Case No. 39, YCA 1991 (XVI), S. 298 ff.

[445] a.a.O. (Fn. 444), S. 317.

[446] a.a.O. (Fn. 444), S. 318.

[447] a.a.O. (Fn. 444), S. 321 f.

[448] siehe hierzu auch V.

ist zu fordern, daß die Begründung des Schiedsspruchs besser in diesem selbst enthalten sein sollte, statt in zusätzlichen ausführlichen Erläuterungen der Schiedsrichter. Art. 32 IV 2 UNCITRAL-SR hat nicht den Zweck, ein öffentliches Diskussionsforum für die Schiedsrichter zu schaffen.

IV. Vergleich mit anderen Schiedsordnungen

1. DIS - Schiedsregeln

Wie die UNCITRAL-SR[449] sieht auch § 34 I DIS-SR vor, daß in schiedsrichterlichen Verfahren mit mehr als einem Schiedsrichter die Unterschriften der Mehrheit aller Mitglieder des Schiedsgerichts genügen, sofern der Grund für eine fehlende Unterschrift angegeben wird. Überdies wird in § 33 IV DIS-SR klargestellt, daß bei der Weigerung eines Schiedsrichters, an der Abstimmung teilzunehmen, die übrigen Schiedsrichter ohne ihn abstimmen können, sofern die Parteien nichts anderes vereinbart haben. Zwar wird man diese Möglichkeit schon aus § 34 I DIS-SR folgern können, doch zeigt die Erfahrung des Iran-U.S. Claims Tribunals[450], daß eine entsprechende Klarstellung hilfreich sein kann.

Weiterhin sind im Schiedsspruch gem. § 34 IV 1 DIS-SR der Tag seines Erlasses und der Ort des schiedsrichterlichen Verfahrens anzugeben. Anders als die entsprechenden Vorschriften in den UNCITRAL-SR[451] regelt § 34 IV 2 DIS-SR dabei ausdrücklich, daß der Schiedsspruch an diesem Tag und an angegeben Ort als erlassen gilt. Damit spielt es keine Rolle, wo der Schiedsspruch tatsächlich unterschrieben oder abgesendet wurde, so daß ein Erlaß im Umlaufverfahren ohne weiteres möglich ist. Da dies eine enorme Erleichterung vor allem für Schiedsrichter aus unterschiedlichen Nationen ist, die dann zur Unterzeichnung des Schiedsspruchs nicht noch einmal zum Ort des Schiedsverfahrens kommen müssen bzw. die Absendung nicht von dort aus zu erfolgen hat, sollte diese Vorschrift als Vorbild für eine Ergänzung der UNCITRAL-SR verwendet werden.

---

[449] siehe II.2.

[450] siehe die Erklärung des Schiedsrichters *Bahrami-Ahmadi* unter III.2.a.

[451] siehe II.1.

2. ICC - Schiedsordnung

Art. 25 I 1 ICC-SO bestimmt, daß ein Schiedsspruch eines aus mehr als einem Schiedsrichter bestehenden Schiedsgerichts mit Stimmenmehrheit gefällt wird. Kommt diese nicht zustande, so entscheidet der Vorsitzende nach Art. 25 I 2 ICC-SO allein. Nicht geregelt ist die Unterzeichnung des Schiedsspruchs. Vielmehr hat das Schiedsgericht hat aufgrund dieser Lücke das anwendbare nationale Verfahrensrecht zu beachten. Falls sich ein Schiedsrichter weigert, den Schiedsspruch zu unterzeichnen, sollte im Schiedsspruch darauf hingewiesen werden, daß dem Schiedsrichter die Möglichkeit zur Unterschrift gegeben worden ist, und es sollten die Gründe für die Weigerung angeführt werden[452].

Ebenfalls weder in Art. 25 I ICC-SO noch in einer anderen Vorschrift ist die Möglichkeit enthalten, einem Schiedsspruch eine abweichende Meinung eines Schiedsrichters beizufügen. Die Abgabe einer abweichenden Meinung wird im Rahmen der ICC-SO im Zusammenhang mit der Vertraulichkeit der Beratungen des Schiedsgerichts als bedenklich angesehen[453]. Andererseits schließt die ICC-SO die Erklärung einer abweichenden Meinung auch nicht ausdrücklich aus. In jedem Fall ist eine abweichende Meinung kein Bestandteil des Schiedsspruchs und sollte unter Berücksichtigung der obengenannten Bedenken nur dann den Parteien mitgeteilt werden, wenn die übrigen Schiedsrichter dem nicht widersprechen[454].

Daneben sieht Art. 25 III ICC-SO vor, daß der Schiedsspruch als am Ort des Schiedsverfahrens und am angegebenen Datum erlassen gilt. Damit ist auch eine Unterzeichnung im Umlaufverfahren an verschiedenen Orten und an unterschiedlichen Tagen kein Problem. Es ist also nicht erforderlich, daß die Schiedsrichter nur zum Zweck der Unterschrift nochmals am Ort des

---

[452] *Derains/Schwartz,* A Guide to the New ICC Rules of Arbitration, S. 285.

[453] *Derains/Schwartz,* a.a.O., S. 285.

[454] *Derains/Schwartz,* a.a.O., S. 286.

Schiedsverfahrens zusammentreffen oder daß ein Einzelschiedsrichter, der aus dem Ausland kommt, nochmals anreist bzw. die Absendung vom Schiedsort aus zu erfolgen hat[455]. Diese Regelung, welche der in den DIS-SR ähnelt[456], bedeutet eine enorme Verfahrenserleichterung und Zeitersparnis.

3. Schiedsregeln der Stockholmer Handelskammer

Während die alte Fassung der SCC-SR noch vorsah[457], daß der Schiedsspruch an dem Ort zu verkünden ist, an dem das Verfahren durchgeführt wurde, regelt nunmehr § 32 I 1 SCC-SR, daß der Schiedsspruch als an dem Ort des Schiedsverfahrens erlassen gilt. Aufgrund dieser Fiktion ist es nicht mehr notwendig, daß die Schiedsrichter allein zum Zweck der Unterzeichnung an den Ort des Schiedsverfahrens reisen müssen bzw. der Schiedsspruch von dort aus an die Parteien zu senden ist. Vielmehr kann der Schiedsspruch im Umlaufverfahren von den einzelnen Schiedsrichtern eines mehrköpfigen Schiedsgerichts unterschrieben werden.

Grundsätzlich haben gem. § 32 I 2 SCC-SR alle Schiedsrichter den Schiedsspruch zu unterzeichnen. Bei Fehlen einer Unterschrift kann der Schiedsspruch nach § 32 I 3 SCC-SR nur unter der Voraussetzung erlassen werden, daß er von der Mehrheit der Schiedsrichter unterzeichnet worden ist und einen Hinweis erhält, daß der Schiedsrichter, dessen Unterschrift fehlt, an der endgültigen Entscheidung des Rechtsstreits teilgenommen hat. Dies birgt die Gefahr einer Verzögerung in sich, wenn ein Schiedsrichter sich weigert, an der Entscheidung mitzuwirken. Daher regelt § 32 II SCC-SR, daß eine nicht hinreichend entschuldigte Säumnis eines Schiedsrichters die Entscheidung der übrigen Schiedsrichter nicht ausschließt.

---

[455] *Derains/Schwartz,* A Guide to the New ICC Rules of Arbitration, S. 287.

[456] siehe IV.1.

[457] § 28 S.1 SCC-SR 1987.

Daneben enthalten die SCC-SR als eine der wenigen internationalen Schiedsordnungen in § 32 V SCC-SR die ausdrückliche Erlaubnis, dem Schiedsspruch eine abweichende Meinung beifügen zu können.

4. Schiedsordnung der Zürcher Handelskammer

Auch die ZHK-SO erfordert in Art. 47 II b) die Angabe des Sitzes des Schiedsgerichts. Nicht näher bestimmt ist allerdings, ob der Schiedsspruch auch als an diesem Ort erlassen gilt, oder ob es auf den tatsächlichen Erlaß ankommt. Damit ist ähnlich wie nach den UNCITRAL-SR[458] unklar, ob eine Unterzeichnung des Schiedsspruchs im Umlaufverfahren und die Absendung vom Heimatort des Obmanns aus möglich ist.

Eindeutig ist jedoch die Regelung in Art. 47 I ZHK-SO, wonach der Schiedsspruch zwar grundsätzlich von allen Schiedsrichtern zu unterzeichnen ist, für seine Gültigkeit allerdings die Unterschrift des Obmann genügt. Es ist also nicht einmal - wie etwa bei den SCC-SR[459]- notwendig, daß die Mehrheit der Schiedsrichter den Schiedsspruch unterschreibt. Ebenso muß der Grund für das Fehlen der Unterschrift nicht angegeben werden.

5. CIETAC - Schiedsregeln

Dagegen verlangt Art. 56 I 1 CIETAC-SR wiederum die Unterschrift der Mehrheit der Schiedsrichter. Ein Schiedsrichter, der eine gem. Art. 54 I CIETAC-SR mögliche abweichende Meinung abgibt, darf nach der ausdrücklichen Regelung in Art. 56 I 2 CIETAC-SR den Schiedsspruch nicht unterzeichnen.

---

458 siehe II.1.

459 siehe IV.3.

Nach Art. 55 S. 1 CIETAC-SR hat der Schiedsspruch das Datum und den Ort, an dem er erlassen wird, zu enthalten. Auch aus dem in dieser Vorschrift gewählten Wortlaut[460] geht nicht zweifelsfrei hervor, ob die Schiedsrichter den Schiedsspruch auch im Umlaufverfahren unterzeichnen können und anschließend die Absendung vom Heimatort des Obmanns möglich ist, oder ob die Unterzeichnung oder Absendung des Schiedsspruchs am Schiedsort notwendig ist. Es bestehen damit vergleichbare Unsicherheiten wie im Rahmen der UNCITRAL-SR[461], so daß die CIETAC-SR insoweit keine Interpretationshilfe sein können.

---

[460] Art. 55 CIETAC-SR lautet in der englischen Übersetzung: "The arbitration tribunal shall state ... the place at which the arbitral award is made... ."

[461] siehe II.1.

V. Zusammenfassung und Vorschläge zur Ergänzung der UNCITRAL - Schiedsregeln

Im Rahmen der Förmlichkeiten zum Erlaß des Schiedsspruchs tauchen regelmäßig zwei Probleme auf. Zum einen stellt sich die Frage, an welchem Ort der Schiedsspruch erlassen wurde, wenn die Unterzeichnung durch die Schiedsrichter an unterschiedlichen Orten erfolgt ist. Zum anderen ist problematisch, ob die Weigerung eines Schiedsrichters, den Schiedsspruch zu unterschreiben und stattdessen eine abweichende Meinung abzugeben, zulässig ist[462].

Die UNCITRAL-SR zeigen für das erste Problem nur teilweise eine Lösung auf. Nach Art. 32 IV 1 i.V.m. Art. 16 IV ist der Schiedsspruch am Ort des Schiedsverfahrens zu erlassen. Hieraus läßt sich folgern, daß zumindest die Absendung an die Parteien stets am Ort des Schiedsverfahrens zu erfolgen hat. Für die vorherige Unterzeichnung durch die Schiedsrichter genügt es hingegen, wenn sie im Umlaufverfahren erfolgt[463].

Da es jedoch zu einer Zeit- und Kostenersparnis führen würde, wenn in einem internationalen Schiedsverfahren auch die Absendung des Schiedsspruchs nicht am Ort des Schiedsverfahrens erfolgen müßte, sondern vom Obmann etwa von seinem Heimatort aus vorgenommen werden könnte, erscheint es sinnvoll, die UNCITRAL-SR in Anlehnung an die Regelungen anderer Schiedsordnungen dahingehend zu ergänzen, daß der Schiedsspruch im darin angegebenen Ort erlassen gilt. Solche Vorschriften finden sich z.B. in § 34 IV 1 DIS-SR[464], Art. 25 III ICC-SO[465] und § 32 I 1 SCC-SR[466].

---

[462] siehe I.

[463] siehe II.1.

[464] siehe IV.1.

[465] siehe IV.2.

[466] siehe IV.3.

Auch die Frage der fehlenden Unterschrift und der Abgabe einer abweichenden Meinung eines Schiedsrichters ist in den UNCITRAL-SR nur zum Teil beantwortet. So sieht Art. 32 IV 2 UNCITRAL-SR nur vor, daß bei Fehlen einer Unterschrift bei einem Dreier-Schiedsgericht der Grund hierfür im Schiedsspruch zu nennen ist[467]. Nicht geregelt ist aber, ob schon die Weigerung eines Schiedsrichters, bei den Beratungen zum Schiedsspruch teilzunehmen, ein Erlaßhindernis darstellt. Dies ist zwar zur Vermeidung von unnötigen Verfahrensverzögerungen in Übereinstimmung mit der Praxis des Iran-U.S. Claims Tribunals eindeutig abzulehnen[468], dennoch empfiehlt sich eine entsprechende Klarstellung in den UNCITRAL-SR, die sich an § 32 II SCC-SR[469] anlehnen kann. Dort heißt es, daß eine nicht hinreichend entschuldigte Säumnis eines Schiedsrichters bei den Beratungen zum Schiedsspruch die Entscheidung der übrigen Schiedsrichter nicht ausschließt.

Außerdem sollten die UNCITRAL-SR - wie auch Art. 32 III 2 Tribunal Rules[470] und die meisten internationalen Schiedsordnungen - ausdrücklich die Möglichkeit vorsehen, abweichende Meinungen abgeben zu können, da hierfür in der Praxis offensichtlich ein Bedürfnis der Parteischiedsrichter besteht. Zugleich müßten umfangreiche Stellungnahmen der übrigen Schiedsrichter hierzu[471] ausgeschlossen werden, da die Begründung des Schiedsspruchs in diesem selbst enthalten sein sollte. Darüber hinaus sollte die Veröffentlichung abweichender Meinungen, die nicht Bestandteil des Schiedsspruchs sind, an die Zustimmung der übrigen Schiedsrichter gebunden werden, um die Vertraulichkeit der Beratungen des Schiedsgerichts zu gewährleisten.

---

[467] siehe II.2.

[468] siehe *Saghi vs. The Government of Iran,* III.2.a.

[469] siehe IV.3.

[470] siehe III.1

[471] siehe *Phillips Petroleum Company Iran vs. The National Iranian Oil Company among others,* III.2.b.

Zusammenfassung und Schlußbetrachtung

Bei der Schaffung der UNCITRAL-SR vor 25 Jahren wurde ihnen nur ein begrenzter Anwendungsbereich vorhergesagt. Es wurde prognostiziert, daß die UNCITRAL-SR lediglich in der Ost/West- und möglicherweise Nord/Süd – Relation praktische Relevanz gewinnen können, also zwischen den westlichen Industrienationen und den ehemals und bestehenden sozialistischen Staaten, sowie eventuell den Ländern der Dritten Welt. Mit dem Ende des kalten Krieges und dem Wegfall der Barrieren zwischen Ost und West hätten die UNCITRAL-SR also nahezu bedeutungslos werden müssen.

Doch nach einem Vierteljahrhundert des Bestehens der UNCITRAL-SR zeigt sich genau das Gegenteil. Zwar mag es zutreffen, daß mit der Annäherung der ehemaligen Ostblockstaaten an die westlichen Industrienationen die institutionellen westlichen Schiedsordnungen in diesem Verhältnis an Bedeutung gewonnen haben. Jedoch erwies es sich als Glücksfall, daß die UNCITRAL-SR in nur gering modifizierter Form als Verfahrensordnung für das Iran-U.S. Claims Tribunal ausgewählt wurden. Dieses in Dauer und Umfang in der Geschichte der Schiedsgerichtsbarkeit bisher einmalige Tribunal stellte bis heute in knapp 4000 Verfahren die größte Bewährungsprobe an die UNCITRAL-SR, bei der diese ihre Anpassungsfähigkeit und Praxistauglichkeit beweisen konnten und hierdurch auch an Attraktivität für andere Vertragspartner gewonnen haben.

Andererseits bieten die Entscheidungen des Tribunals dank ihrer Veröffentlichung einen Fundus an Problemfeldern im Rahmen der UNCITRAL-SR, die noch zu lösen sind. Um daher ihre vielgelobte Modernität nicht zu verlieren, empfiehlt es sich, wie auch bei vielen anderen internationalen Schiedsordnungen in letzter Zeit, über eine behutsame Überarbeitung der UNCITRAL-SR nachzudenken. Folgende Fragestellungen sollten dabei nicht unberücksichtigt bleiben:

1. In den UNCITRAL-SR gibt es keine Bestimmungen für Mehrparteienschiedsverfahren. Um die Voraussetzungen der *Dutco*-Entscheidung zu erfüllen, hat eine Regelung des Mehrparteienverfahrens vorzusehen, daß die Nominierung der Schiedsrichter in diesem Fall regelmäßig durch eine Schiedsgerichtsorganisation erfolgen muß. Nur wenn sich alle auf einer Seite stehenden Parteien auf einen Schiedsrichter einigen können, ist die gemeinsame Benennung zuzulassen. Bei ad hoc-Schiedsverfahren wie den UNCITRAL-SR ist jedoch grundsätzlich keine Institution vorgesehen, welche die Schiedsrichterbenennung vornehmen könnte.

Der Ständige Schiedsgerichtshof in Den Haag kann diese Aufgabe mit der derzeitigen Ausstattung nicht bewältigen. Außerdem wird es gerade als Vorteil der UNCITRAL-SR gesehen, daß sie nicht von einer Schiedsgerichtsinstitution abhängen. Ein Mehrparteienverfahren kommt daher im Rahmen der UNCITRAL-SR nur dann in Betracht, wenn sich alle Parteien bei der Abfassung der Schiedsklausel bereits auf einen Modus zur Schiedsrichterbestimmung einigen und jeweils einen gemeinsamen Schiedsrichter namentlich benennen.

2. Die Regelungen in den UNCITRAL-SR zur Befangenheit und Ablehnung von Schiedsrichtern haben sich in den Verfahren des Iran-U.S. Claims Tribunals trotz eines politisch sensiblen Hintergrundes bewährt. Lediglich zwei Problemfelder sind im Gegensatz zu anderen internationalen Schiedsordnungen bislang nur unbefriedigend gelöst. Dabei handelt es sich zum einen um die Frage, wie die in Art. 9 UNCITRAL-SR niedergelegte Offenbarungspflicht des Schiedsrichters vor seiner Bestellung zu konkretisieren ist und welche Sanktionen sich aus einer fehlenden Offenbarung ergeben. Zur Förderung einer umfassenden Offenlegung bietet es sich an – wie es auch zu Beginn des Iran-U.S. Claims Tribunals gehandhabt wurde - standardisierte Formulare ausfüllen zu lassen. Als Vorbild können hierfür die Regelungen in § 16 I DIS-SR und Art. 7 II ICC-SO dienen. Eine Sanktion für den Fall der fehlenden Offenbarung könnte darin bestehen, daß die Parteien die Benennung dieses Schiedsrichters wegen arglistiger Täuschung anfechten können mit der

Konsequenz, daß der Schiedsrichter seinen Honoraranspruch verlieren würde.

Zum anderen ist ungeklärt, welche konkrete Rechtsfolge sich aus der Überschreitung der in Art. 11 I UNCITRAL-SR geregelten Frist bei der Schiedsrichterablehnung ergibt. Vorzuziehen ist die Ansicht, die eine Präklusion des Rügerechts vertritt. Hierfür spricht vor allem der straffere Verfahrensablauf, der als einer der größten Vorteile des Schiedsverfahrens gegenüber dem Zivilprozeß gilt. Es erscheint daher sinnvoll, eine entsprechende Regelung zur Präklusion des Rügerechts in Art. 11 I UNCITRAL-SR aufzunehmen, die sich an § 18 II 2 SCC-SR orientieren kann.

3. Die Widerklage des Schiedsbeklagten wirft innerhalb der UNCITRAL-SR regelmäßig zwei Problemkreise auf. Einerseits stellt sich die Frage, welcher Zusammenhang zwischen der Schiedsklage und der Widerklage stehen muß, damit letztere in den Anwendungsbereich der Schiedsvereinbarung und somit der Rechtsprechung des bereits konstituierten Schiedsgerichts unterfällt. In Art. 19 III UNCITRAL-SR wird dies sehr streng gehandhabt. Danach müssen die geltend gemachten Ansprüche aus demselben Vertrag stammen. Weniger restriktiv ist die Regelung in den Tribunal Rules, die es für ausreichend halten, wenn die Ansprüche aus derselben Transaktion oder demselben Ereignis stammen. Für eine entsprechende Modifikation auch der UNCITRAL-SR spricht vor allem, daß eine großzügigere Zulassung von Widerklagen die Gefahr widersprüchlicher Entscheidungen unterschiedlicher Schiedsgerichte vermeidet. Außerdem ist es unter dem Gesichtspunkt der Prozeßökonomie von Vorteil, wenn über denselben Sachverhalt nur einmal Beweis erhoben und Sachverständigengutachten eingeholt werden müssen. Dieselben Argumente sprechen im übrigen auch dafür, eine sog. „Wider- Widerklage“ des Schiedsklägers zuzulassen und dies ausdrücklich in Art. 19 III UNCITRAL-SR klarzustellen.

Weiterhin tritt nicht selten das Problem auf, daß ein Schiedsbeklagter in einem sehr späten Verfahrensstadium versucht, eine Widerklage zu erheben. Zwar ist nach Art. 19 III UNCITRAL-SR ebenso wie nach den

Tribunal Rules die Widerklage grundsätzlich mit der Klageerhebung einzureichen. Jedoch ist ausnahmsweise eine spätere Erhebung zulässig, wenn das Schiedsgericht die Verspätung als nach den Umständen gerechtfertigt ansieht. Das Iran-U.S. Claims Tribunal handhabt diese Ausnahme sehr großzügig und läßt Widerklagen zu, die erst über ein Jahr nach Verfahrensbeginn erhoben wurden. Um diese Praxis nicht ausufern zu lassen und den Gedanken der Verfahrensbeschleunigung wieder mehr in den Vordergrund zu stellen, wäre es sinnvoll, eine zeitliche Obergrenze für eine verspätete Erhebung festzulegen, etwa von sechs Monaten nach Einreichung der Klageerwiderung. Innerhalb dieses Zeitraums obläge es dann dem Ermessen des Schiedsgerichts, ob die verspätete Erhebung den Umständen nach gerechtfertigt ist.

4. Das Problem des verspäteten Vorbringens stellt sich auch bei der Einreichung von Schriftsätzen und Beweisstücken nach Klageerhebung bzw. Klageerwiderung. Die in Art. 23 UNCITRAL-SR festgelegte Regelfrist für Schriftsätze hat sich in der Praxis schon bald als unrealistisch erwiesen, so daß deshalb in den Tribunal Rules für die umfangreicheren Verfahren des Iran – U.S. Claims Tribunals eine Regelfrist von 90 Tagen vorgesehen wurde. Damit auch in den übrigen Schiedsverfahren nach den UNCITRAL-SR eine Verlängerung der Schriftsatzfristen nicht zur Regel wird, anstatt wie vorgesehen eine Ausnahme zu bleiben, scheint es nötig zu sein, eine entsprechend längere Regelfrist festzusetzen. Eine Fristverlängerung sollte dann nur in besonderen Ausnahmefällen möglich sein, die ähnlich wie in Art. 34 II und III ZHK-SR abschließend aufgezählt werden sollten. Außerdem ist es sinnvoll, wie in Art. 22 ICC-SR und Art. 34 ZHK-SO einen festen Zeitpunkt vorzugeben, ab dem keine neuen entscheidungserheblichen Tatsachen und Beweise mehr vorgetragen werden dürfen.

Im Vergleich zu anderen Schiedsordnungen werden in Art. 28 UNCITRAL-SR die denkbaren Varianten der Säumnis einer Partei sehr umfassend normiert. Es fehlt allerdings eine Regelung darüber, welche Folgen eine verschuldete Säumnis eines Beklagten bei der Klagebeantwortung nach Art. 28 I 2 UNCITRAL-SR hat. Um einen gewissen Druck auf den Beklagten auszuüben und in Fortführung des oben vorgeschlagenen „Closing“ des Erkenntnisverfahrens erscheint eine Ergänzung der Regelung dahingehend konsequent, daß der Beklagte im Fall der Säumnis mit seinem Vorbringen in der mündlichen Verhandlung nicht mehr gehört wird, wenn er die Verspätung nicht ausreichend entschuldigt hat. Falls keine mündliche Verhandlung stattfindet, sollte dem Schiedsgericht bei verspätetem Tatsachenvortrag wie in Art. 28 III UNCITRAL-SR für verspäteten Beweisvortrag die ausdrückliche Befugnis eingeräumt werden, den Schiedsspruch allein aufgrund der Aktenlage, d.h. nur aufgrund des Vorbringens des Klägers erlassen zu können.

5. Die Frage, ob das Schiedsgericht Maßnahmen des einstweiligen Rechtsschutzes anordnen darf, oder ob die Parteien sich insoweit an die staatlichen Gerichte wenden dürfen oder sogar müssen, wird von den UNCITRAL-SR relativ eindeutig gelöst. Durch die Regelung in Art. 26 III UNCITRAL-SR wird eine konkurrierende Zuständigkeit zwischen staatlichem Gericht und Schiedsgericht geschaffen. Um divergierende Entscheidungen zu vermeiden, bietet sich allerdings eine klarstellende Ergänzung insofern an, als die Entscheidung einer Partei für den einen oder den anderen Rechtsweg verbindlich ist.

Wesentlich undeutlicher regeln die UNCITRAL-SR hingegen die Voraussetzungen und den Umfang einer einstweiligen Anordnung. Das Iran-U.S. Claims Tribunal hat als Kriterien herausgearbeitet, daß die Zuständigkeit über die zugrundeliegende Streitigkeit prima facie gegeben sein muß, daß die Maßnahme zur Abwehr eines nicht rückgängig zu machenden Schadens notwendig ist und daß das Ergebnis der Hauptsache nicht vorweggenommen werden darf. Diskussionswürdig erscheint, ob nicht zusätzlich auf die Dringlichkeit der Anordnung und die Erfolgsaussichten in der Hauptsache abzustellen ist. Desweiteren wäre zur Rechtsklarheit eine detaillierte Aufzählung der zulässigen Anordnungen wünschenswert. Außerdem sollte dem Vorsitzenden des Schiedsgerichts bei besonderer Eilbedürftigkeit eine Einzelermächtigung eingeräumt werden. Überlegenswert ist auch ein Schadensersatzanspruch der Gegenpartei in Anlehnung an § 26 I 2 SCC-SR, wenn sich die einstweilige Anordnung als ungerechtfertigt erweist.

6. Art. 32 IV 1 i.V.m. Art. 16 IV UNCITRAL-SR erlauben die Unterzeichnung des Schiedsspruchs durch die Schiedsrichter an unterschiedlichen Orten nur dann, wenn zumindest die Absendung an die Parteien am Ort des Schiedsverfahrens erfolgt. Da es jedoch zu einer Zeit- und Kostenersparnis führen würde, wenn in einem internationalen Schiedsverfahren nicht nur die Unterzeichnung, sondern auch die Absendung des Schiedsspruchs nicht am Ort des Schiedsverfahrens erfolgen müßte, sondern vom Obmann etwa von seinem Heimatort aus vorgenommen werden könnte, erscheint es sinnvoll, die UNCITRAL-SR entsprechend zu ergänzen. Die UNCITRAL-SR sollten daher in Anlehnung an § 34 IV 1 DIS-SR, Art. 25 III ICC-SO und § 32 I 1 SCC-SR dahingehend modifiziert werden, daß der Schiedsspruch als im darin angegebenen Ort und zu dem angegebenen Datum als erlassen gilt.

Nur zum Teil wird in den UNCITRAL-SR der Fall einer fehlenden Unterschrift und der Abgabe einer abweichenden Meinung eines Schiedsrichters behandelt. Art. 32 IV 2 UNCITRAL-SR sieht nur vor, daß bei Fehlen einer Unterschrift bei einem Dreier-Schiedsgericht der Grund hierfür im Schiedsspruch zu nennen ist. Nicht geregelt ist aber, ob schon die Weigerung eines Schiedsrichters, bei den Beratungen zum Schiedsspruch teilzunehmen, ein Erlaßhindernis darstellt. Dies ist zwar zur Vermeidung von unnötigen Verfahrensverzögerungen in Übereinstimung mit der Praxis des Iran-U.S. Claims Tribunals eindeutig abzulehnen, dennoch empfiehlt sich eine entsprechende Klarstellung in den UNCITRAL-SR, die sich an § 32 II SCC-SR orientieren kann. Darüber hinaus sollten die UNCITRAL-SR, wie auch Art. 32 III 2 Tribunal Rules und die meisten internationalen Schiedsordnungen, ausdrücklich die Möglichkeit vorsehen, daß Schiedsrichter abweichende Meinungen abgeben können.

Die vorgenannten Anregungen und Vorschläge zielen mit Ausnahme der Mehrparteienschiedsgerichtsbarkeit darauf ab, die UNCITRAL-SR selbst zu modifizieren und zu ergänzen. Eine Abänderung der UNCITRAL-SR ließe sich zwar auch durch entsprechende individuelle Parteivereinbarungen erzielen. Jedoch ist zum einen zu bedenken, daß die UNCITRAL-SR mittlerweile hauptsächlich in Ländern der Dritten Welt zur Anwendung kommen, sei es im Verhältnis untereinander oder auch zu Industrienationen. Gerade bei im Umgang mit Schiedsverfahren unerfahreneren Parteien empfiehlt es sich aber, möglichst umfassende und detaillierte Regelungen zur Verfügung zu stellen. Zum anderen zeigt die Praxis, daß Vertragsparteien nur selten Vereinbarungen treffen, die über die jeweilige Standardschiedsklausel hinausgehen.

Insgesamt läßt sich jedoch feststellen, daß sich die UNCITRAL-SR in den letzten 25 Jahren insbesondere in den zahlreichen Verfahren des Iran-U.S. Claims Tribunals bewährt haben und für Vertragsparteien, die eine ad hoc-Schiedsgerichtsbarkeit wünschen, nach wie vor eine gute Wahl darstellen.

Kolibri 360 GmbH
Ferdinand-Jühlke-Straße 7
99095 Erfurt, Deutschland
produktsicherheit@kolibri360.de

Druck:
CPI Druckdienstleistungen GmbH
im Auftrag der
Kolibri 360 GmbH
Ferdinand-Jühlke-Str. 7
99095 Erfurt